中等职业教育市场营销专业创新型系列教材

推销员技能

李素芳　鲍炜磊　主　编

郭　萍　李　珊　副主编

科学出版社

北　京

内 容 简 介

本书分为六个项目，具体包括推销概述、寻找接近顾客、推销洽谈、异议处理、成交缔结和销售跟进。书中包含大量的推销理论、应用技巧以及真实、形象的案例，深入浅出，具有较强的针对性与可读性。

本书既可满足中等职业教育营销专业的教学需求，也可用于实际工作者的技能培训。

图书在版编目（CIP）数据

推销员技能/李素芳，鲍炜磊主编.—北京：科学出版社，2016

（中等职业教育市场营销专业创新型系列教材）

ISBN 978-7-03-050514-9

Ⅰ.①推…　Ⅱ.①李…　②鲍…　Ⅲ.①推销－中等专业学校－教材

Ⅳ.①F713.3

中国版本图书馆 CIP 数据核字（2016）第 267773 号

责任编辑：涂　晟 / 责任校对：陶丽荣
责任印制：吕春珉 / 封面设计：东方人华平面设计部

科 学 出 版 社 出版

北京东黄城根北街 16 号
邮政编码：100717
http://www.sciencep.com

三河市良远印务有限公司印刷

科学出版社发行　各地新华书店经销

*

2016 年 11 月第 一 版　开本：787×1092　1/16
2016 年 11 月第一次印刷　印张：9 1/2
字数：208 960

定价：24.00 元

（如有印装质量问题，我社负责调换〈良远印务〉）

销售部电话 010-62136230　编辑部电话 010-62135763-2013

前　言

在中等职业教育改革探索与发展的过程中，部分学校仍然沿用本科教材或本科院校编写的中职高职教材，显然这些教材难以适应中职学校的实际教学工作和发展要求，为此编者结合中职学校学生的特点，并与课程体系相融合，编写了本书。

本书按照教育部关于中职人才培养目标的要求，针对中职教学的实际需要，突出实用性与实践性、基础性与扩展性、层次性与灵活性的特点，更加注重对学生情商的培养，以通俗易懂的语言和切合实务的讲解，通过实践场景帮助学生加深对相关理论的理解，最终达到能用理论解释实践。因此，编者在本书的编写上，力求兼顾理论与实务，使两者能够完美融合，相得益彰，理论先进、适用，解释现实，指导实践；实务涵盖现实，贴近实践，使学生加深对理论的理解，提高学生的悟性，培养学生的实际操作能力。

本书在知识体系上，保持了推销体系的基本构架，在内容上进行了整合和提炼，既突出推销的广泛性和实用性，又体现它的持续性和发展性。本书具有以下特色：

第一，摒弃"本科压缩型"教材模式，采用全新的体例。为适应知识经济环境下人们自学的要求，编者借鉴国际畅销营销学教科书的体系，重新设计了全书体例。全书以培养学生的操作技能为主线，力求做到理论和实践相结合，并以实践为主，强调理论够用；一般内容教学和案例教学相结合，加强案例教学内容；课堂教学和课外练习思考相结合，强化课外练习思考。

第二，本书内容简明易懂。针对我国中等教育由传统的精英教育转向大众化教育后中职学生素质变化的现状，努力做到理论简明且通俗易懂，实际操作技能过程程序化，以便于学生更好地接受和掌握。

本书由李素芳、鲍炜磊担任主编，由郭萍、李珊担任副主编。具体的编写分工如下：项目一由杨敏编写，项目二由李素芳编写，项目三由鲍炜磊、李珊、赵婧编写，项目四由何丽丽编写，项目五由郭萍、张敏、赵婧编写，项目六由张从罗编写。

在本书编写过程中，作者借鉴和参考了大量的文献，在此向相关作者表示诚挚的谢意。

由于作者水平有限，书中难免有疏漏之处，恳请广大读者批评指正。

目　　录

项目一 推 销 概 述

学习目标

1. 知识目标

认知推销的内涵和三要素，认知推销的功能和作用。

2. 能力目标

利用所学知识能够充分认识推销的魅力，并知晓如何成为一名优秀的推销员。

3. 职业素质目标

学生要养成善于思考的习惯，培养抗挫折能力和自信心，要相信自己的能力和价值，能够进行自我激励。

任务一 认 知 推 销

学习情境一 认知推销的内涵

情境导入

一位农场主经营着一座果园，眼看苹果挂满枝头，丰收有望，却不料遭遇一场冰雹袭击。雹灾过后，树上的苹果"伤痕累累"。往年表皮鲜亮的苹果尚难找到销路，如今这样一片惨状，又如何卖得出去呢？农场主为此整日愁眉不展。一天，农场主像往日一样来到果园，一边踱着步，一边想着事。他随手在树上摘了一个苹果，边吃边想，突然间来了灵感。他马上跑回家，动手制作了许多宣传页，到处发放，并在当地媒体上做了广告，大意为：本农场的苹果个个带疤，面目丑陋，但吃起来别有滋味，绝非一般苹果可比，君若不信，可来品尝。广告播出之后，果然有好奇者上门品尝，直言滋味确实不同。就这样一传十，十传百，食"疤苹果"竟成时尚。当其他果农还在为苹果的销路发愁时，此农场主早已获利颇丰。这位农场主成功地将"带疤的苹果更好吃"这一观念推销给了顾客。

想一想：推销产品的使用价值是否比推销产品本身更有效？

相关知识

（一）推销的内涵

推销，这一名词由来已久。推销活动的产生可以上溯到六七千年以前的原始社会后期，由于生产力的发展，出现了剩余产品，需要交换，推销也就应运而生，至夏、商时期，推销已成为一项专门的职业，经过几千年的发展演变，才成为今天具有现代意义的推销。

狭义的推销，指推销人员向顾客推荐其商品，并说服顾客购买。或推销就是通过推荐者说服，使顾客购买，从而将商品销售出去。

广义的推销，是对狭义概念的推广，不限于有限商品的交换，也不限于人员推销，而是指人们在社会生活中，通过一定形式传递信息，让他人接受自己的意愿和观念或购买商品和服务。

（二）广义推销和狭义推销的区别与联系

把握广义推销的概念，关键在于理解推销标的物的扩展。推销标的物除了商品实物外，可以是看法、观点、信息、知识、信念、信仰等，也可以是情绪、情感、态度、意志、立场等，还可以是形象、计划、政策、规范、制度及文化等。也就是说，广义推销所推荐的事物，几乎是无所不包的。

从广义上看，政治家说服人们接受其政治主张，军事家说服人们接受其军事主张，艺术家说服人们接受其审美表现，科学家说服人们接受其科学发现和科学主张；教育家说服人们接受其教育主张和教育内容，企业家说服人们接受其产品和服务，都是一种推销活动。

因此，狭义推销的概念，也可以看成是广义推销概念的一个特例，它们的共同之处是，通过说服使推销者接受其所推销的东西。本书中所指的推销仅指狭义的推销，即人员推销。

任务演练

1. 训练目的与要求

1）帮助学生树立自信，让学生对第一印象有独到的认识。
2）培养学生进入推销员的角色。

2. 训练内容与步骤

1）学生提前准备演练内容，具体包括：问候；我是谁——包括姓名、来自哪里、个人兴趣爱好、专长、家庭情况、对学习市场营销课程的认识和学习期望等。

2）第一步，上台问候。跑步上台，站稳后先向所有人问好，然后进行自我介绍。要注意展现热情，面带微笑。第二步，正式进行内容演练，即进行自我推销介绍。要注意音量、站姿、介绍顺序、肢体动作等。第三步，致谢回座。对所有人说"谢谢"后，才能按教师示意回到座位。

学习情境二 认知推销三要素

情境导入

几位推销员聚在办公室争论一个问题。

甲说："要想把推销工作搞上去，关键在于推销员，如果大家工作不努力，业绩肯定上不去。"

乙说："我不同意你的观点，我认为关键还是产品，如果公司的产品质量差，推销员再努力也不行，如果我们公司的产品能像海尔一样，即使不去推销，也会有人找上门来，我们何必如此辛苦？"

丙说："我认为，关键还是市场疲软，假如像过去一样，什么都短缺，还怕卖不出去？回到 20 年前，我们厂连销售科都没有，产品不也卖得好好的？客户想买，还买不到呢！"

想一想：这几位推销员争论的实际上都是推销活动中的三个基本要素，你知道这三个基本要素是什么吗？

相关知识

（一）推销主体——推销员

1. 推销员的素质

1）政治素质（坚持四项基本原则）。
2）思想素质（职业道德/敬业精神/吃苦精神）。
3）业务素质（企业/产品/顾客/市场知识）。
4）文化素质（宽阔的知识面/良好的文化修养）。
5）法律素质（知法/懂法/用法）。
6）身体素质（速度/耐力/柔韧/平衡）。
7）心理素质（个性/挫折/心理健康）。

2. 推销员的能力

1）具有敏锐的观察能力和敏捷的思维能力。
2）具有善于控制情绪和灵活应变的能力。
3）具有广交朋友的能力。
4）具有良好的语言表达能力。

3. 推销员的仪表风度

1）仪表：男士、女士着装。
2）仪态：站姿、坐姿、蹲姿。
3）见面基本礼仪：递名片、鞠躬、握手。

（二）推销对象——目标客户

"MAN"可以帮助找到目标客户。
M：money，代表"金钱"。所选择的对象必须有一定的购买能力。
A：authority，代表购买"决定权"。该对象对购买行为有决定、建议或反对的权利。

N：need，代表"需求"。该对象有这方面（产品、服务）的需求。

可以从以下几点判断是否为目标客户：

1）判断客户的购买欲望：对产品的关心程度，对购入的关心程度，对产品是否信赖，对销售企业是否有良好的印象。

2）判断客户的购买能力：可以通过客户的衣着看出客户的品位，个性不同的人衣着习惯不同，地域不同的人衣着也不同。

3）判断客户的购买意愿：是否有真正的购买意愿，而不仅仅是看一看。

（三）推销客体——产品

1. 整体产品

整体产品分为以下三个层次：

（1）核心产品

核心产品是产品给顾客带来的基本效用或利益。

核心产品观念的作用：帮助推销员理解顾客的真实需求。

（2）有形产品

有形产品是核心产品借以实现的具体形式，包括质量、式样、品牌、特色、包装等。

有形产品观念的作用：帮助推销员掌握具体产品在满足消费者需求上的适应性；产品具体形式向消费者传递着何种信息；无形产品有形化的重要性。

（3）延伸产品

延伸产品是推销形式产品时，顾客所能获得的附加利益的总和，包括各种服务和观念。

延伸产品观念的作用：帮助推销员掌握如何更好地满足消费者的需求。

2. 产品质量

1）产品质量与实用性是两个不同的概念。质量是产品的内在特性，实用性是产品对顾客特定需要的适应性。

2）在推销洽谈中，交谈的重点不应是质量，而应是产品实用性，即产品的使用价值，强调产品对顾客解决实际问题的作用。使用价值是影响顾客购买决策的主要因素，产品质量只是一种辅助因素。

3. 产品效用层次理论

1）任何产品都具有相对固定的基本效用，例如，衣服能抵御风寒；同时，依据使用条件的不同而具有多种使用价值，又如衣服也能给人华丽、气派、整洁等印象。

2）推销员必须认识到产品的基本效用，同时尽可能全面、准确地掌握产品的各种使用价值。对产品使用价值的理解，需要推销员具有敏锐的观察能力和良好的抽象思维能力。

3）推销员的任务是对产品使用价值的推销。

任务演练

学生分组（每组 5～7 人）完成下面的讲故事活动，每组选派代表在全班面前进行表演。要求如下：

1) 故事中必须有五种角色，分别为和尚、公子、英雄、乞丐、公主。

2) 故事中必须出现如下成语及词语：千里冰封、万里雪飘、玉树临风、风度翩翩、历尽沧桑皆英雄、杀人、鲜血、狗叫。

3) 最后一句话："数风流人物，还看今朝。"

学习情境三 认知推销的特点

情境导入

美国雷顿公司总裁金姆曾当过推销员。在一次订货会上，规定每人有十分钟登台推销的时间。金姆先将一只小猴装在用布蒙住的笼子里带进会场，轮到他上台时，他将小猴带上讲台，让它坐在自己肩膀上，任其跳窜，一时间场内轰乱。不一会儿，他收起小猴，场内恢复平静，金姆只说了一句话："我是来推销'白索登'牙膏的，谢谢。"说完便飘然离去，结果他的产品风靡全美。

金姆采用的陪衬推销法，别出心裁，独具一格，短短一句话给人留下极深刻的印象，达到了最佳的广告宣传效果。

想一想：人员推销具有哪些特点？

相关知识

人员推销具有以下四个显著的特点：

1) 信息双向沟通。推销人员在推销过程中，不仅要向顾客传递有关商品的信息、企业的信息，而且要了解顾客的需求信息，听取顾客对推销品的意见和建议，从而构成一种信息的双向运动。这与广告等促销方式有明显区别。

2) 推销过程的完整性。人员推销从寻找顾客开始，到接触洽谈、说服诱导、达成交易、完成商品所有权的转移，还要从事送货、安装、维修等一系列跟踪服务，从而构成了一个完整的推销过程。

3) 推销活动的灵活性。推销人员在与顾客面对面的接触中，可以根据顾客的不同反应，有针对性地随时调整推销策略，解答顾客的疑问，灵活处理各种问题，满足顾客的不同需要。

4) 推销费用高。与其他促销方式相比，人员推销的费用无疑是最高的，特别是当目标市场比较分散时，为此而支付的交通、住宿、业务活动等费用会较高。

任务演练

"不搞促销伤心，搞完促销痛心"，这是很多企业搞完促销后的感受。看着别人赠品促销、折让促销的柜台前人群涌动而自己这里却无人问津，心里会难受。一场活动办完算下账，似乎并没有多大的收获——公司的利润还是那样或更少，看着财务部门报上来的促销费用，心里不痛快。更有甚者，几个卖场的利润还抵不上促销员的工资提成，明摆着亏本了，心里更痛。这就是当前很多企业的现状。在许多经理办公室经常可以看到这样一幕：

促销主管："经理，我们在××卖场要上几个促销员才行，要是再销不动，商场那边可能会让我们撤场了，抛开公司给我们的销售任务不说，那也不能白交了进场费啊！"

财务主管："经理，从这个季度的财务报表来看，我们在××卖场的销售处于亏损状态，主要原因是促销员的工资提成超过了其所售产品的利润，我建议把这些卖场的促销员撤下来，不然我们就亏大了。"

搞促销亏，不搞促销也亏，怎么办？假如你就是这位经理，你将采取什么方法解决这一难题？

（说明：促销费用主要有四个方面：一是促销员的工资和提成；二是折让后的利润流失；三是赠品的成本；四是促销活动广告宣传方面的费用。）

学习情境四　认知推销的功能

情境导入

有一天，某百货商店箱包柜进来一位年轻顾客买箱子。他一会儿看牛皮箱，一会儿又挑人造革箱，挑来挑去拿不定主意。这时，推销员小威上前招呼这位顾客，并了解到该顾客是为出国所用，便马上把尺寸为106厘米×106厘米的牛津滑轮箱介绍给顾客，并说明了飞机持箱的规定，最大尺寸不超过106厘米×106厘米。牛津箱体轻，又有滑轮，携带较方便，价格比牛皮箱便宜。年轻人听了觉得他讲得头头是道、合情合理，于是就选定了滑轮箱并高兴地离开了。

想一想：上述案例体现了推销员在开展推销工作时，所推销的应是某种需求满足的方式，即应是推销产品的功能。你知道推销有哪些功能吗？

相关知识

（一）销售商品

销售商品是推销的基本功能。推销是商品由推销人员向推销对象运动的过程。在这个过程中，推销品运动是推销主体双方各自需求得以实现的具体方式。通过寻找顾客、接近顾客、推销洽谈，进而达成交易，实际上就是实现商品所有权的转移，最终完成了商品销售。

（二）传递商品信息

在市场经济下，商品琳琅满目，各种商品各具特色，消费者如何根据自己的需要找准所需商品，厂商如何完成销售，都离不开传递商品信息这一过程。因为推销不仅要满足顾客对商品的需要，也要满足顾客对商品信息的需要，及时地向顾客传递真实、有效的信息。

推销人员向顾客传递的主要商品信息如表1-1所示。

表1-1 推销人员向顾客传递的主要商品信息

项目	具体内容
商品的一般信息	它是指有关商品的功效、性能、品牌、商标、生产厂家等有关信息,告知顾客某种商品的存在
商品的差别优势	它是指商品在同类中所处的地位及特殊功能。要针对不同目标顾客的需要,突出宣传所推销商品的某些特征,以便在顾客心目中树立产品形象
商品的发展信息	它是指有关企业产品的发展动态,如新材料的运用、新产品的开发,以及老产品的改进等信息,以此引导顾客接受新产品
商品的经营信息	它是指有关商品的销售价格、经营方式、服务措施、销售地点等信息,以此方便顾客购买

（三）提供服务

推销不仅把商品销售给顾客,而且通过提供各种服务,帮助顾客解决各种困难和问题,满足顾客多层次、多方面的需求。通过服务,提高顾客的满意度,从而建立起企业和产品的良好信誉。

（四）反馈市场信息

现代推销过程是一个供求信息的双向沟通过程。推销人员是企业通往市场的桥梁,是企业联系市场的纽带,是企业获取情报的重要渠道。

推销人员向企业反馈的市场信息主要有:

1）顾客信息。例如,顾客对推销品及其企业的反应,顾客的需求、购买习惯、购买方式及经济状况等。

2）市场需求信息。例如,推销品的市场需求状况及发展趋势,推销品在市场中的优劣势等。

3）竞争者信息。例如,竞争者商品的更新状况、销售价格、质量、品种规格以及竞争者促销手段的变化等。

▐▐▐ 任务演练 ////

依据表1-1中的商品信息类别写出自己熟悉的一款电脑或手机的商品信息。

学习情境五 认知推销的作用

◉ 情境导入 ////

假如有人向你推销一辆崭新的跑车,价值2500美元。你有兴趣吗?请看附带条件:这辆车在伦敦的一个仓库里,没有合格证,6个月以后才能被装运。你还会对这辆车有兴趣吗?当你想买车的时候,这辆车不在合适的地点,也没有适当的证明文件,所以这辆车就失去了价值。不是吗?可见,人员推销扮演着重要的社会角色。

想一想:推销的作用有哪些呢?

相关知识

（一）推销对社会的作用

推销能够促进生产发展和技术进步，促进经济发展和社会繁荣。

1）推销通过创造产品的时间效用、地点效用、占用效用，增加产品的价值。直接生产过程所创造的产品，在没有被推销出去之前，还只有潜在的效用，只有经过推销过程，消费者能够在适当的时间、适当的地点，以适当的价格购买到产品时，产品才具有了时间的效用、地点的效用、占有的效用。举例来说，一台计算机，如果被存放在仓库里，对潜在购买者来说是没有价值的，因为潜在购买者还不能在需要它的时间、地点买到它。经过推销过程，计算机才能在顾客需要它时被摆在商店柜台里，潜在购买者才能通过讨价还价，最终占有它。

2）推销是实现社会再生产目的的主要形式。社会生产的目的在于向人们提供有形与无形产品，满足人们日益增长的物质文化需要。推销人员一方面可以通过对人们需求的了解和分析，引导企业生产人们需求的产品；另一方面可以通过推销活动把产品推销给需求者，满足其需求，从而使社会再生产的目的得以实现。

3）推销活动为社会提供了大量的就业机会。在佛山，随着市场经济的发展，推销日益受到各类企业的重视。从事各类推销工作的人员正在急剧增加，但无论质量还是数量，都不能适应市场经济的需求。我们估计今后若干年推销行业仍然是就业机会增长较快的行业之一。

4）推销还具引导消费的作用。推销员在推销产品的同时，也在向顾客介绍产品与消费知识，传播价值观念，顾客接受了产品，在某种程度上也就接受了推销人员的消费知识和价值观念，从而起到引导消费的作用。

（二）推销对企业的作用

推销是企业获得生存与发展的重要途径。

推销对所有企业的生存与发展来说都是至关重要的。人员推销对于工业用品、耐用消费品、非耐用消费品的生产企业来说是最重要的促销方式，但它对工业用品生产企业和个人消费品生产企业来说更重要一些。这是因为工业用品技术上比较复杂，消费者需要了解较多的情况才能决定购买与否；另外，一种工业用品的促销，比较适合使用更灵活及针对性更强的人员推销，不适合使用信息量较少又较死板的广告。而个人消费品的购买过程则比较简单，顾客所需信息相对少一些，广告的作用也就大一些。

不论推销对企业的重要程度如何，它对所有企业的具体作用如下：

1）实现商品价值，使企业获得生存与发展所必需的经营收入。

2）促进企业生产适销对路的产品，增强企业的产品竞争力。

3）避免产品积压，缩短货币回笼时间，提高企业的经济效益。

（三）推销对个人的作用

推销为人们创造了更多的发展机会。

1）推销是对性格的一种磨砺，使人树立一种永不言败的精神。

2）能提升对人性的洞察能力、察言观色的能力。

3）培养自己与人相处的能力，对客户而言是亲和力，对公司同事而言是团队精神。

4）练就一副好口才。

5）培养对事物的分析能力。

6）培养应变能力。

7）培养自我管理能力。

8）养成制订工作计划的好习惯。

9）增加知识面，做销售的对知识面要求很高，要求博而不专，要想做好销售，要尽可能地接触各方面的知识，增加与人的谈资。

10）改变生活习惯，掌握各方面的礼仪。

推销最大的收获就是提升一个人做人的能力，一名好的销售员一定是一个很会做人的人。

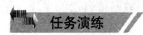 **任务演练**

试举例说明推销对个人的作用。

任务二　认知推销原则与推销流程

学习情境一　认知推销的原则

情境导入

日本有个推销大王，叫原一平，虽长相不佳，身高只有 1.40 米左右，但为人乐观、自信。在推销工作的起步阶段，他也很苦闷，因为业绩一般。他总在思考，推销应与做人的道理一样，做人的道理他比较在行，尽管长相和身材欠佳，但他一样讨人喜欢，同样，推销也应有诀窍。经过一番苦心钻研，他摸索出两个武器：一个是婴儿的微笑。婴儿那天真无邪的微笑，人见人爱。另一个是情人的眼神。情人那含情脉脉的眼神，让人如痴如醉。

经过一段时间的模仿练习，他终于练就了几十种婴儿的微笑和一百多种情人的眼神。在上门推销的过程中，他运用这两个秘密武器大获成功。

想一想：上述案例体现了推销的什么原则？

相关知识

（一）需求第一

这是由市场营销观念决定的。市场营销观念要求以消费者为中心，重视消费者需求，谋求长远利益。现代推销必须贯彻这个思想，不能搞强力推销。

（二）互惠互利

交易是"双赢"的，而不是"零和"博弈。其目的在于培养长期客户，不做一锤子买卖。

人际关系存在着以下几种思维模式：

1. 我赢你输

我们从小接受的教育就在给我们灌输这种思想观念。考试的时候你要考得比别人好，体育比赛时你要跑得比别人快、跳得比别人高，你要得冠军。总之只有超过别人，只有赢，才能使我们感到快乐。我们把生活看成竞技场，要成功、幸福，就要超越别人，把别人甩在后面。另外，自私自利的人抱持的也是这种我赢你输的思想。

2. 我输你赢

缺乏自信、缺乏自尊的人，往往抱有的是这种思想。他们不敢坚持自己的立场，无所欲无所求，牺牲个人利益委曲求全，以牺牲求太平。

3. 两败俱伤

表面上看，这样做谁都得不到好处，似乎没有人会这样做，可是有的人偏要这样想、这样做。损人不利己，为了报复，宁愿牺牲自己，也要把对方拖垮。

4. 双赢

双赢是建立在平等互利思想的基础上的。其表现为自己获利又不损害别人的利益，不把自己和别人对立起来，而视作同一条战壕里的战友，有富同享，有难同当，共同开创美好的未来。

我赢你输（自私自利）、我输你赢（委曲求全）、两败俱伤（双输）这些思维模式，都无法使人拥有良好的人际关系。要想拥有良好的人际关系，就要有双赢思维，拥有平等、互利的思想。

（三）诚信为本

成熟的市场经济是法制经济，也是信用经济。讲究诚信，对维护企业形象非常重要。

案　例

在德国，有一位中国留学生以优异的成绩毕业了。毕业以后，他去德国的大公司寻找工作。第一家公司拒绝了他，第二家公司也拒绝了他，第三家公司还是拒绝了他。他一连找了二十多家大公司，结果没有一家肯接收他。他想：凭自己的博士文凭和优异成绩，找一家小公司应该没什么问题。但是，谁也没有想到，他找的一家小公司还是拒绝了他。这位中国留学生很愤怒，他对那家小公司的老总说："请您告诉我，你们为什么要拒绝我？"那位老总说："对不起，先生。我们从网上找到了一份关于您的记录。记录显示，您在德国留学期间乘坐公共汽车，曾经逃过三次票。"中国留学生吃惊地说："逃三次票算得了什么？难道我的博士文凭还抵不过三次逃票吗？"德国老板郑重地说："是的！先生。我们知道您不缺文凭、不缺知识、不缺能力，但我们认为您缺了一样东西！正是您缺的这样东西，让我们德国人不敢聘用您。"

（四）说服诱导

说服诱导是推销工作最重要的特征。

说服的五个步骤如下：

1）把产品的价值及其对顾客的价值列出来。

2）用提问的方式把它们列出来。

3）讲其他顾客利用产品的故事。

4）讲解利用该产品的积极作用，以及不利用该产品的消极作用。

5）现在立刻行动，可以获得哪些好处。

具体做法：找出顾客的痛苦（需求）；加大顾客的痛苦（需求）；然后为其治愈痛苦。用问句的形式将公司产品的好处列出来，例如，"你想让你的老公越来越爱你吗？""你想让你的公司越来越好吗？""你想提高收入和业绩吗？"另外，要说明立刻使用有什么好处，买了以后会有什么好处，如果不用有什么痛苦（有多少条列多少条），坏处背后再乘以十；如果十年以前用了得到这些好处会变成什么样，如果十年以后才用会失去什么；如果现在立刻行动可以得到哪些优惠，例如，购买5000元的产品会赠送什么（能即刻赠送的）等。

任务演练

小品《卖拐》遵循了哪些推销原则？违背了哪些推销原则？

学习情境二　推销流程

情境导入

有三个小贩，他们都向李大妈销售自己的李子，但销售结果完全不同，原因何在？

李大妈提上篮子走出家门，走到楼下的菜市场买水果。她来到小贩甲的水果摊前，问道："你的李子怎么样？"

小贩甲回答："我的李子又大又甜，特别好吃。"

李大妈听完后摇了摇头，走向了小贩乙的水果摊，又问："你的李子好吃吗？"

小贩乙回答："我这里的李子有好多个品种，大的、小的、国产的和进口的。不知您想要什么样的李子？"

"我要买酸一点的。"

"我这篮李子又酸又大，咬一口就流口水，您要多少？"

"来一斤（一斤=500克）吧。"李大妈买完李子，继续在菜市场中逛。

这时李大妈又看到小贩丙的水果摊上也有李子，而且又大又圆，十分抢眼，便问小贩丙: "你的李子多少钱一斤？"

"大妈，您问哪种李子？"

"我要酸一点的。"

"一般人买李子挑又大又甜的，您为什么要买酸的李子呢？"

"我儿媳妇怀孕了，想吃酸的。"

"大妈，您儿媳妇真有福气，有您这么体贴的婆婆，她想吃酸的，也许能给您生个大胖孙子。您要多少李子？"

"来一斤吧。"李大妈被小贩丙说得很高兴，便又买了一斤李子。

小贩丙边称李子边问李大妈："大妈，您知道孕妇最需要什么营养吗？"

"不知道。"

"维生素是孕妇特别需要补充的。您知道哪种水果中含维生素最丰富吗？"

"不清楚。"

"猕猴桃含有多种维生素，特别适合孕妇吃。"

"真的吗？那好，我就再来一斤猕猴桃。"

"您人真好，谁遇到您这样的婆婆，是她的福气。"

小贩丙在给老太太称猕猴桃的时候，又说："我每天都在这里摆摊，水果都是当天从批发市场批发来的最新鲜的，您儿媳妇要是吃好了，您再来。"

"行。"李大妈被小贩丙夸得十分高兴，提了水果，一边付账，一边应和着。

甲、乙、丙三个小贩的销售结果完全不同，小贩甲没有卖出李子，原因是他围绕着产品销售，而没有围绕客户的需求进行销售，结果没有成功。小贩乙挖掘出一些客户需求，卖出了李子。小贩丙知道李大妈买李子是为了自己怀孕的儿媳妇，不仅卖出了李子，还卖出了猕猴桃。

李大妈去买李子的动机，是为了给怀孕的儿媳妇吃，俗话说"酸儿辣女"，李大妈当然希望儿媳妇能生出一个健康的孙子来。所以，李大妈采购的原因，既是给儿媳妇补充营养，也是借机与儿媳妇处好关系，采购李子只是达到自己目的的手段。如果李大妈能找到更好的方法达到这个目的，她肯定会考虑的。因此，采购只是达到客户目的的手段。小贩丙挖掘到李大妈的需求后，便提出新的建议，猕猴桃含有丰富的维生素，这一提议立即吸引住了李大妈，所以小贩丙就卖出了更多的水果。

分析以上案例，我们不难发现，需求是有层次的。虽然三个小贩都在一定程度上挖掘了客户的需求，但挖掘的程度不同，造成了最后销售结果的不同。

想一想：上述案例给我们什么启示？

相关知识

（一）寻找客户

销售过程中的第一步是寻找线索——找出潜在的有购买力的客户。推销员经常要找很多潜在的客户，从而获得一些订单。他们可以向现有客户了解潜在客户的姓名，参加潜在客户所在的团体活动来吸引其注意力，也可以在报纸和电话簿上找出有关名字，通过打电话或写信来寻找线索。另外,推销员还可以不经预约到办公室拜访(即贸然登门)。

推销员应该知道怎样鉴别线索,即如何找出有用的线索并剔除那些无价值的。通过分析其经济实力、特殊需求、地理优势和发展前景,可以找出合适的潜在客户。

(二)访问准备

在接洽一个潜在客户前,推销员必须尽可能地对该客户进行了解,这个步骤就叫访问准备。推销员可以参考信息资料、询问熟人或向其他人了解情况,但必须明确接洽目的,即了解其能否成为潜在客户。另外一项工作是决定最佳接洽方式,如登门拜访、打电话联系或写信联系。此外,对潜在客户登门接洽的时间要仔细选择,因为这些客户在某些时间可能很忙。最后,推销员应就其经济利益对整个推销过程进行考虑。

(三)约见或接近客户

在进行接触这个步骤的过程中,推销员必须知道如何与客户会面,与之寒暄,使双方的关系一开始就很融洽。这一步涉及推销员对衣着仪表、开场白和后续讲话的准备。开场白要清楚明确,开场白之后推销员可以向客户提几个主要问题,以进一步了解其需要,或是向客户展示样品以吸引其注意。

(四)洽谈沟通

在推销过程的产品介绍这一步骤中,推销员向客户介绍产品情况,介绍产品如何能使他们赚钱或省钱。推销员描述产品的外形,但主要应介绍产品会为其带来什么好处。推销员采用满足需要的方式,让客户多讲,以此了解客户的需要。这种方式要求推销员有能听出客户讲话意思的能力和解决客户所想问题的能力。在介绍产品时,如果推销员能加以展示,如关于产品的宣传册、配套图片、幻灯片、视频和样品等,效果就会更好。如果客户能看到或使用产品,他们对产品的印象和优点就会记得更牢。

(五)异议处理

在进行产品介绍和要求订货时,客户几乎都会对产品心存疑虑。他们担心的问题可能是客观存在的,或是心理作用,但对于这种担心客户很少露于言表。在处理障碍时,推销员应该采取主动的方式,发现客户的疑问,并请客户讲出来,把推销过程中的这些障碍当作向客户提供更多信息的机会,使其消除疑虑,从而作出购买决定。每位推销员都需要在处理客户的这种疑虑方面进行训练。

(六)缔结成交

在消除客户对产品的疑虑之后,推销员要努力完成推销过程。有些推销员不去花时间完成推销,或是不能恰当地完成,他们可能缺乏自信,对促成客户订货没有信心,或是不能找准推销的时机。推销员必须知道如何从客户身上发现如何完成推销的信号,这包括客户的身体动作、评论和提问。例如,客户可能会向前挪动一下身子,赞许地点点头或问及价格和赊销付款的条件。

◆ 任务演练

针对三种推销形式——上门推销、柜台推销、电话推销，模拟一个完整的销售流程的情境。

任务三　培养推销员素养

学习情境一　认知推销员的职责

◆ 情境导入

苹果公司开发的"PowerBook"笔记本电脑获得了巨大的成功，这和它的销售人员密不可分。苹果公司的第一台重达 7.7 千克的便携式电脑 MAC 在市场上失败以后，销售人员被派去观察那些使用竞争者笔记本电脑的客户。他们注意到竞争者的产品体积更小，人们在飞机、汽车、家里甚至床上都可以使用。销售人员得出结论：人们并不是真正想要小型计算机，而是想要可以移动的计算机，价格只是其中的一个方面。销售人员注意到，乘坐飞机的电脑用户需要一个平面移动鼠标，需要一处地方放置他们的双手。因此，"PowerBook"笔记本电脑就有了两个显著的特点：跟踪球指示器，以及可以将手放在键盘上。这些使"PowerBook"笔记本电脑更便于使用，特点更明显。

想一想：以上案例表现出了推销员的哪些职责？

◆ 相关知识

（一）推销人员的分类

推销人员是推销活动的主体，是企业与顾客联系的桥梁和纽带，既要对企业负责，又要对顾客负责。推销人员活跃在商品领域的各个方面和各个环节，虽然其推销对象和工作特点有所不同，但所承担的职责是相同的。在我国，通常把推销人员分为以下几类。

1. 生产企业推销人员

生产企业推销人员是指专门服务于某一制造厂商，为其进行市场开拓和产品销售的人员。他们被统称为生产企业销售代表，通常采取分区负责制，定期对各自销售区域内的经销商进行访销，保证这些经销商对推销品有足够的库存，还负责向经销商推荐新产品，落实企业对经销商的促销政策，帮助零售商店培训售货员等。此外，他们也从事销售推广和宣传等工作。

2. 批发企业推销人员

批发企业推销人员是指批发环节的推销人员，服务于各种批发商，主要对零售企业进行访销。批发企业推销人员向零售商介绍和推广推销品，其推销品取决于批发商的经营范围，通常是某一大类的产品，一般是批发商所经营的各种商品。此类推销工作对于帮助和促进零售企业发展具有重要的意义。

3. 零售企业推销人员

零售企业推销人员是指零售环节的推销人员，直接为最终消费者服务，向顾客展示商品，介绍商品性能，解答有关问题，提供各种服务。

零售企业推销人员包括两个部分：一是服务于零售商店的营业员，也称为售货员；二是服务于厂商或批发商，直接面对最终消费者（个人、家庭和组织）进行推销的人员。

4. 职业推销人员

职业推销人员以推销产品为主要职能，但他们既不为厂商或批发商所雇用，也不与委托方保持长期稳定的业务关系。他们的工作只是为买卖双方牵线搭桥，促成交易，而不介入商品的买卖。交易一旦成功，职业推销人员可按一定比例收取佣金。

职业推销人员人脉广，对产品的供、需方都很熟悉，对推销的产品具有丰富的专业知识和销售经验。他们可以同时接受多方委托，为卖主寻找买主。一些小制造商和零售商都愿意与职业推销人员打交道，因为这样就不必雇佣固定的推销人员了。

5. 生产资料推销人员

生产资料推销人员是指专门从事生产资料推销的推销人员，其推销对象是生产企业。生产资料销售领域对于推销人员具有巨大的吸引力，因为生产资料通常价值高而购买量大，能使推销人员获得较好的推销业绩和丰厚的报酬。但是，生产资料推销人员需要接受专业的教育培训，掌握专门的产品知识。

6. 服务行业推销人员

服务是一种无形产品，服务行业推销人员必须将非物质产品的利益推销出去。一般来说，推销服务（无形产品）比推销有形产品困难得多。对于有形产品，推销人员可以将产品拿给顾客看，演示它的使用方法。对于无形产品，推销人员却无法这样做。潜在顾客经常不清楚无形产品能给他们带来什么利益，因为他们无法触摸到、闻到、看到、听到或尝到无形产品，这就使无形产品的推销更具挑战性。

（二）推销人员的职责

推销人员的职责是指推销人员必须做的工作和必须承担的相应责任。各种类型的推销人员虽然面对的推销对象不同，具体的工作任务不同，但总体来说，所承担的职责是相同的。推销人员的主要职责如下：

1. 搜集信息

推销人员是联系企业和市场、企业和顾客的桥梁与纽带，容易获取产品的需求动态、竞争者状况及顾客的意见等方面的重要信息。及时地获取与反馈这些信息，是推销人员的一项重要职责。这不仅可以为企业制定正确的营销策略提供可靠的依据，而且有助于推销人员提高自身的业务能力。因此，推销人员要自觉地充当企业的信息收集员，深入市场与顾客之中，在销售商品、为顾客提供服务的同时，有意识地了解、搜集市场信息。

推销人员在搜集信息时，要做好以下工作。

1）寻找与确定目标市场，即寻找并确定哪个地区、哪部分人是企业产品目前的需求者或未来的可能购买者。

2）估算目标市场的容量与可以达到的销售额。市场容量是指针对具体的目标市场可能达到的最大销售额（或销售量）。市场容量的大小与目标市场中需求者的多少、购买力的大小、购买欲望的强弱有关。

3）了解目标市场需求的具体特点。为了更好地进行市场营销决策及开展推销活动，推销人员还应详细了解消费者的需求现状及变化趋势，他们对产品的具体意见和要求，以及他们对企业销售政策和售后服务的反应等具体情况，以便为企业制定具体的市场营销策略提供依据，也为自己的推销工作提供决策依据。

4）为企业市场营销决策当好参谋。推销人员应根据自己所了解的目标市场需求的特点，提出关于开拓市场的建议。首先，为企业生产适合目标市场需求的产品提出建议。其次，就产品如何定价，如何选择销售渠道等提出建议，参与企业整体营销决策。

5）了解同类产品的状况。推销人员既要了解竞争者的产品优势和劣势，也要了解竞争者的营销战略、营销策略、营销手段、网点分布、客户状况等。

2. 协调关系

推销人员要运用各种管理手段和人际交往手段，建立、维护和发展与潜在顾客及老顾客之间的业务关系和人际关系，以便获得更多的销售机会，扩大企业产品的市场份额，这也是推销人员的重要职责。

推销人员将产品推销出去，并不意味着推销工作的结束。顾客购买商品并使用后，会有一定的评价，这些评价会直接关系到企业及产品的声誉，关系到企业及产品的市场生命。推销人员必须继续保持与顾客的联系，尽善尽美地为其提供售后服务，还可定期访问，进行节日问候，保持牢固的产销渠道。另外，还要千方百计地发展新的关系，吸收、说服潜在顾客购买本企业的产品，不断开拓新市场，扩大企业的市场范围。推销成功后，能否保持和重视与顾客的联系，是关系推销活动能否持续发展的关键。推销人员在协调关系时，应做好以下工作。

1）确定主要客户的名单，建立顾客档案。

2）根据计划与顾客进行沟通。

3）对推销人员定期进行检查、评估。

3. 销售商品

将企业生产的商品，从生产者手中转移到消费者手中，满足消费者的需要，为企业再生产和扩大再生产创造条件，是推销人员最基本的职责，也是推销工作的核心。

4. 提供服务

商品推销活动本身就是为顾客提供服务的过程。"一切以服务为宗旨"，是现代推销活动的出发点和立足点。推销人员不仅要为顾客提供满意的商品，更重要的是，要为顾客提供各种周到和完善的服务。未来企业的竞争日趋集中在非价格因素上，非价格竞争的主要内容就是服务。在市场竞争日益激烈的情况下，服务往往成为能否完成销售目标的关键因素。

推销人员所提供的服务包括售前服务、售中服务和售后服务。

（1）售前服务

售前服务是指在正式推销工作之前为潜在顾客所提供的服务。只有做好推销前的服务工作，推销才有成功的可能性。推销前的服务工作是指在商品未售出之前进行的一系列准备工作，它主要包括调查了解顾客的需要情况，为顾客提供必要的产品样本和使用说明书，为顾客的购买提供必要的咨询服务等。推销前的服务是成功推销的前提，也是达成交易的基础。

案 例

美国的孩之宝公司为了在中国市场上推销"孩之宝"变形金刚玩具，曾进行了长达一年多的市场调查，并得出结论：变形金刚这种玩具虽然价格高，但中国独生子女非常多，父母舍得投资，这种玩具在中国的大城市会有广阔的市场。于是，孩之宝公司先将一套《变形金刚》系列动画片无偿送给广州、上海、北京等大城市的电视台播放，由此该电视动画片便成了不花钱的广告。《变形金刚》中充满了工业社会的智慧、热情、幻想，对孩子们产生了启迪并为他们带来了乐趣，在众多孩子的脑海中留下了深深的烙印。之后，《变形金刚》从荧屏上"下来了"。孩之宝公司将变形金刚玩具投放到中国市场，孩子们痴迷地扑向商场和摊贩。

从"金刚之役"中我们不难看到，孩之宝公司销售前细致的市场调查、巧妙的电视宣传为其产品的销售铺起了一条平坦大道，达到了事半功倍的效果。

（2）售中服务

售中服务是指在推销商品的过程中，由公司或推销员为顾客所提供的服务，主要是为顾客在购买商品和运输方面提供方便条件。

售中服务主要包括为顾客提供运输、保管、装卸，以及融资、保险、运输等方面的帮助。售中服务是推销成功的关键，尤其是在产品差异和价格差别不大的情况下，顾客会选择那些能提供额外服务的厂家生产的产品。

因此，推销员只有做好推销过程中的服务工作，推销才能成功。一方面，顾客看重推销人员的服务精神。顾客在选择产品的过程中，往往很重视推销员的人品和公司的信誉，真诚和信誉是顾客接受推销的首要条件。推销员的服务精神和提供的服务项目，最能说明推销员的真诚与信誉。另一方面，顾客往往把能否提供所需要的服务当作主要的洽谈条件，他们期望从推销员所提供的服务中获得利益。

（3）售后服务

售后服务是指在完成销售后为顾客提供的各种服务，主要包括产品的安装、调试、维修、保养、人员培训、技术咨询、零配件的供应及各种保证或许诺的兑现等。任何顾客在购买商品后都会对购买决策进行总结。顾客总结时得出的结论，会对推销产生很大的影响。因此，只有做好售后服务，消除顾客的不满意，强化顾客的满意，才能提高企业的知名度和美誉度，进而不断稳固老顾客，开发新顾客。

任务演练

学生3～5人为一组，模拟不同类型推销人员的推销表现。

学习情境二　认识推销员的职业素质

情境导入

河北省安平县的一家罗网厂，主要生产罗网之类的产品。有一次该厂一位推销员小王听说河南某地有家塑料厂，他想生产塑料要用过滤筛，于是急忙登上火车，连夜赶到那里。待他说明来意后，对方厂里的人笑了，说："我们生产的是白色塑料，不用过滤，带颜色的塑料才需要过滤。"小王只好扫兴而归。时隔不久，小王又到天津某橡胶厂推销罗网。该橡胶厂的业务负责人问："你们厂能生产多大拉力的网?最高含碳量是多少?能经得起多高的温度?"小王愣住了，他只知道罗网是过滤用的，不知道还有这么多的讲究。对方说："你连这些都不懂，怎么做推销?又怎么签订合同?"小王终于明白，当一名推销员其实并没那么简单。后来，小王下功夫学习，掌握了各种金属材料的含碳量、拉力、受压能力、耐酸、耐热性能等方面的知识。从此以后他所在部门的推销业绩直线上升，他所在的工厂也越办越红火。

想一想：推销员的职业素质对推销工作的重要性有哪些?

相关知识

在市场竞争日益激烈的今天，企业经营者越来越意识到企业销售优势比企业生产优势更为重要。要取得销售上的优势，企业必须组建一支精干的推销队伍。虽说人人都可以成为推销员，但要成为一名称职的推销员，必须具备相应的综合素质。一名企业推销员的素质与能力关系到企业的生存与发展。到底什么样的人适合做推销工作呢?这是任何一家企业的销售经理在选拔推销员时都需要考虑的问题。作为一名合格的推销员，主要应该具备以下基本素质。

（一）思想素质

推销工作是一项创造性的、艰苦的脑力和体力相结合的劳动，因此要求推销员要具有强烈的事业心、高度的责任感、坚强的意志和毅力。在推销活动中，任何事情都可能发生，如果一遇到困难就灰心丧气，其推销任务将永远不可能完成。

1. 强烈的事业心

作为推销员，应该热爱自己所从事的推销事业，奋发向上，百折不挠，有强烈的事业心，由此才能真正做到干一行、钻一行、爱一行，并力争成为推销队伍中的尖兵；作为推销员，必须树立正确的推销观念，把满足顾客的消费需求作为推销工作的起点，诚心诚意为顾客着想，全心全意为顾客服务，把推销商品与解决顾客的实际问题有机地结合起来。

2. 高度的责任感

推销员是企业的销售代表，是企业的代言人，其一言一行都关系到企业的声誉与形象。同时，推销活动也是企业与顾客进行信息沟通的一种有效方式，因此，推销员首先必须具有高度的责任感，想方设法地完成企业的销售任务，这是推销员的主要工作，也只有这样，才能算得上一名合格的推销员。另外，推销员代表的是一个企业，除完成一定的推销任务外，还需要在推销活动中为企业树立良好的形象，与顾客建立和保持良好的、融洽的关系，不能为了实现推销定额而损害企业的形象和信誉。即使推销任务完不成，也能够依赖其他的促销方式弥补，但企业的良好形象一旦遭到践踏与损害，就不是一朝一夕的工夫可以重新建立起来的。因此，推销员千万不要以牺牲企业形象来换取本期的销售定额。最后，推销员的责任除了表现在完成销售定额与树立企业形象外，也表现在推销员应向顾客负责，推销给顾客的商品，应该是能真正满足其需求，能够为其排除困难、解决实际问题的产品，而企业销售利润的实现只能作为顾客需求得以满足的"副产品"。

3. 坚强的意志和毅力

推销活动以人为工作对象，而人又是复杂多变的，因此，影响推销成功的不确定性因素很多，这也决定了推销的难度很大。在重重的困难面前，推销员必须具备勇往直前、压倒一切困难而不被困难所压倒的勇气，必须具备百折不挠的毅力与韧劲。这种勇气、毅力和韧劲不但要体现在一场场推销的战役、战斗中，更要贯穿于整个推销生涯。

在推销活动中，只要有 1% 成功的可能性，就要用 100% 的行动去争取，这就是百折不挠精神在推销中的具体体现。在某些场合，勇气和毅力比经验、技巧更为重要。

（二）文化、业务素质

推销工作不是一项轻而易举的工作，而是一项极富创造性与挑战性的工作，因此推销员除具备过硬的思想素质外，也要具有较高的文化素质。在推销过程中，推销员会接触到各种各样的顾客，他必须在较短的时间内迅速作出判断，并确定具体的推销方式与技巧。推销员具备的文化知识越丰富，获取良好推销成果的可能性就越大。

推销员的文化素质，主要表现在对以下知识的掌握。

1. 企业方面的知识

一名成功的推销员，不仅要具备丰富的基础学科知识，而且应熟悉本企业的全部情况。市场上同类产品很多，顾客有着较大的选择余地，这时对自己的企业了解更多的推销员就极有可能取得顾客的信任，从而获得成功。一般而言，企业的规模、声誉、产品、对顾客的支持、财务状况、优惠政策等，往往会成为客户判断企业是否值得依赖、是否选购该企业产品的重要依据。推销员是企业的代表，必须十分了解有关企业的一切信息，并保证让顾客能够准确、充分地接收与理解这些信息，这样才能促使顾客签下订单。具体地说，推销员应了解有关自己企业以下方面的信息：企业的历史；企业在同行业中的地位和影响力；企业的经营理念和特点；企业的经营范围和产品、服务种类；企业的财务状况；企业的人事结构，特别是总裁和高层管理人员状况；企业的信用政策；企业的订单处理程序；企业的折扣政策和顾客奖励政策。

案　例

　　小王是 A 品牌摩托车生产企业的销售人员，主要负责区域市场客户的开发和管理。一次，小王在河南一地级市开发客户时，客户张先生就是否经销 A 品牌摩托车提出自己的忧虑：全国大城市都发布了"禁摩令"，据说河南的郑州、新乡等市近两年也会实施，经营摩托车的前景不容乐观；另外，目前市场上销售的摩托车品牌有十几个，质量、性能、价格、售后服务差异很大。小王从事摩托车销售已有三年多了，平时就很留心有关本行业的信息。他很诚恳地向张先生表示："您的忧虑很有道理。"然后，小王利用自己对本行业的了解，透彻地分析了国家目前对摩托车行业实施的有关政策，以及摩托车行业的发展趋势，指出这不是一个夕阳产业，而是一个朝阳产业，目前南方一些原已"禁摩"的城市现在逐步"开禁"。他又向张先生详细地介绍了本企业的历史、现状、产销量、有关政策支持、营销网络建设，并分析了客户经营的前景。最后，终于打消了张先生的顾虑，使其爽快地签下了经销合同。

2．产品方面的知识

　　推销工作本身要求推销员必须向顾客介绍、推荐产品，如果连自己都不懂得所推销产品的相关知识，那将是不可想象的。因此，作为称职的推销员，首先应掌握产品的技术性能，包括原材料、性能数据、规格、型号、外观，以及产品的特色、用途等。另外，应掌握产品使用与维修方面的技术与知识。推销人员在推销一些顾客不常买且价格昂贵的产品时，通常需要亲自示范操作，并需要经常走访客户以了解其使用情况，对一般性的技术问题应能及时排除。在现代市场营销中，为了赢得竞争，就应特别注意自己的产品与竞争对手的产品之间的差异，有哪些特点和优势，存在哪些不足，以便在推销中扬长避短，利用优势战胜对手，从而促成交易。

3．市场方面的知识

　　推销员应接受一定程度的教育，掌握必要的理论知识与实务技能，包括市场营销理论、市场营销调研方法、推销技巧等，熟悉有关市场方面的政策、法令和法规。

4．顾客方面的知识

　　推销员还要懂得消费者心理与购买行为方面的知识，因此应掌握商业心理学、公共关系学、人际关系学、行为科学和社会学等方面的知识，以便分析顾客的购买心理，并据此运用合适的推销手段。

5. 竞争方面的知识

要成功地实施推销，推销员还必须掌握同行业竞争状况的信息，包括整个行业的产品供求状况，企业处于什么样的竞争地位，竞争品有哪些优点，本企业产品有哪些优点，竞争品的价格，以及竞争品的销售策略等。

（三）身体素质

推销员的推销工作既是一项复杂的脑力劳动，也是一项艰苦的体力劳动。推销员的工作性质决定了其必须有强健的身体，因为健康的身体是实施推销活动的基础。推销员经常外出推销，在必要时还得携带样品、目录、说明书等，特别是对于工业品的推销，需要推销员进行安装、操作、维修等，劳动时间长，劳动强度大。因此，如果推销员只具备了过硬的思想素质与文化素质，而没有强健的身体、旺盛的精力，其推销设想与计划只不过是空中楼阁，永远都不可能实现，他自己也绝对不会成为出色的推销人员。由此可见，强健的身体是成功推销的基础与前提。

（四）心理素质

成功的推销员都比较注重培养一种有利于达成交易的个人心理素养。实践也证明，有些人比较擅长做社交、公关与产品推销方面的工作，而有些人则擅长做细致的研究工作。推销活动是一种面向千百万人的工作，因而要求推销员具有以下心理素质。

1. 性格外向

一般来说，性格外向的人易于与他人接洽，也擅长辞令，易接受别人，别人也能较快地接受他，这有利于向陌生顾客开展推销工作。而性格内向的人，不善社交与辞令，不容易与顾客接触，掌握的推销对象有限。因此，外向型性格的人比较适合从事推销工作。

2. 自信心强

作为一名推销员，应该有这样一种感觉："不管遇到多么大的困难，我都能解决，我都能应对，我都能完成任务。"这样一种感觉就是自信心，这种自信心是在不断获取经验的过程中逐步建立起来的。初涉推销行业时，由于根基太浅，尚未积累起足够的经验，不会有多少自信心。但在自信心不断树立、才干不断增长的过程中，也必须培养忍耐性和宽容心。如果推销员的耐性有限，容不得顾客有挑剔的眼光，那么其推销经验与自信心可能永远也不会达到极点，自信心将荡然无存。

3. 具备良好的个性品格

作为推销员应履行自己的承诺，让顾客感觉自己确实是一个值得信赖的人。如果出尔反尔，经常违约，不遵守自己的承诺，会使竞争者轻易地抢走你的客户，也不利于培养和建立长期稳定的关系。做到诚实，言行一致，不说大话，是推销员养成优良品格的最基本要求。

同学之间讨论可以采取什么途径提高推销员的职业素质。

学习情境三　培养推销员的职业素养

情境导入

位于南太平洋上的一个岛屿，来了两个皮鞋推销员。这两个皮鞋推销员分别来自 A、B 两个国家。A 国推销员看到该岛居民均光着脚，于是马上给公司发了电报："本岛无人穿鞋，我决定明天回国。"而 B 国推销员发回公司的是一封截然不同的电报："好极了！该岛无人穿鞋，是一个很好的市场，我将长驻此地工作。"结果，B 国公司开发了一个新的市场，取得了巨大的成功。

由此可见，一个墨守成规、因循守旧的推销员与一个勇于开拓创新的推销员，在推销业绩上会产生巨大的不同。

想一想：推销员的职业素养有哪些？

相关知识

推销员向客户推销商品的过程，实际上也是一种信息沟通的过程。推销员必须善于与他人交往，有较强的沟通技巧，同时也能维持和发展与顾客之间长期稳定的关系，待人随和，热情诚恳，能设身处地地从顾客的观点出发，为顾客解决实际问题，取得顾客的信任、理解与支持。推销员除具备推销领域必须掌握的丰富专业知识外，还应有广泛的兴趣爱好、宽阔的视野，以便能够得心应手、运用自如地应付不同性格、年龄、爱好的顾客。

社交能力不是天生的，是在推销实践中逐步培养起来的。要培养高超的交往能力，推销员必须努力拓宽自己的知识面，同时要掌握必要的社交礼仪。推销员应敢于交往，主动与人交往，不要封闭自己。

推销员的接洽工作总是以一定的语言开始的，不管是形体语言、物质载体语言还是文字语言，都要求推销员通过语言准确地表达有关推销品的信息，同时也能使顾客清楚地了解和明白推销品的相关信息。如果推销员语言贫乏，词不达意，逻辑性差，思路不清，顾客是不可能相信这样的推销员的，也不可能接受其所推销的商品，更不可能与其签订订单。优秀的推销员应该是具有超人天赋的演说家，其富有鼓动"辩才"，能言善辩，但同时又是最忠诚的听众，善于聆听顾客的意见。不要以为日常生活中的谈话与大庭广众中的推销交谈是一样的，即使能说会道的人，如果让他面对很多人讲话，他也可能怯场，可能连平常 1%的讲话水平都不能发挥出来。因此，推销员应掌握推销交谈中的诀窍。

（一）推销员的职业能力

具备了一定的思想素质、文化素质、心理素质与身体素质，只是具备了当一名合格推销员的基本条件，并不一定能成为一名出类拔萃的推销员。一名杰出的推销员除具备上述这些基本素质外，还应有一定的能力。推销员的能力是其在完成商品推销任务中所必备的实际工作能力。优秀的推销员应具备较强的观察力、创造力、社交能力、语言表达能力及应变能力等。

观察能力是指人们对所注意事物的特征具有的分析判断和认识的能力。具有敏锐观察力的人，能透过表面现象而洞察到事物的本质与客观规律，并从中获得进行决策的依据。新发明、新产品、新广告、新观念、新方法的魅力在于其"新"，推销人员推销时的吸引力也出自"新"，如何在推销过程中创新，有赖于其对新事物的高度敏感性，这就要求推销员要具有超凡的观察能力。例如，在商业谈判中，推销员应该从对方的谈话用词、语气、动作、神态等微妙的变化中洞察对方的心理，这对销售成功至关重要。

推销员应随时注意周围事物的变化，以及发生在周围的一切事情。只有投身于变化的环境中并充满好奇心，细心观察，才能获取瞬息万变的情报信息。

在工作中，推销员要养成把一切所见、所闻的东西与自己工作紧密联系起来的习惯。例如，在登门拜访顾客时，应做到用眼睛一扫就能把房间的一切摆设和人物活动的情形尽收眼底，进而总结出这个家庭的特点。培养和开发观察力应从以下方面入手。

1）通过对注意力的开发，使注意力集中到需要观察的推销对象或有关事物上。

2）调动所有感官，尽可能多地获取观察对象的有关信息。对顾客的观察与了解，可以从六个方面入手：一是顾客的社会背景，如职业、经历、收入水平等；二是顾客的气质、性格、兴趣爱好；三是顾客对社会、工作、购买的态度；四是顾客在整个购买过程中所扮演的角色、所处的地位、所起的作用；五是顾客在人际关系中的特征，如对自己、他人和人际关系的看法与做法；六是顾客的体态、服饰和动作姿态等。

3）学会用全面、系统、联系的观点看事物。例如，通过衣服的颜色看一个人的性格；通过服饰看一个人的职业、地位、兴趣与爱好；通过谈论的话题了解一个人的需求层次与个性特色。通过事物的联系，可以使推销人员系统地了解顾客。

4）对于所观察的事物，既要定性观察，又要定量分析。在观察时注意动眼、动笔，把观察到的问题分门别类地记录下来。

5）边观察边思考，以便随时发现关键的事与关键的人，为进一步调查了解做好准备。

推销工作是一种具有综合性、复杂性，且体脑结合的创造性劳动。在推销活动中，推销员应当注重对好奇、敏锐、自信、进取等诸方面创造性素质的培养，不断开拓新市场，结识新顾客，解决新问题。解决问题需要有特殊的方法，当面临以前从未遇到过的难题时，杰出的推销员应充分发挥自己的想象力，对以往的经验和概念加以综合，从而提出全新的解决方法。对推销员而言，开拓一个新市场、发掘一个新客户，采用一种别出心裁的推销手段，都必须首先具有开拓创新的精神和能力。推销员不仅要满足顾客现实的需求，更要创造和发现其潜在的需求。

案　例

潘先生曾在一家办公用品公司当推销员。一次，他来到一位客户办公室推销自己公司的碎纸机，客户在听完了产品介绍，弄清了购买细节后，说愿意买一台，并表示将在第二天到潘先生处订货。

第二天，潘先生等了好久也不见客户前来，于是便登门拜访。到之后却发现客户正坐在桌前看另外一家办公用品公司的产品宣传册，而且目光停留在其中的一页一动不动。潘先生凭着对本行业产品的全面了解，一眼便知客户正在关注的产品和昨天他所推荐的碎纸机属于同一类型，区别仅仅在于前者有一扇清除纸屑的小拉门。

潘先生彬彬有礼地说："打扰您了，我在公司等了好久还不见您来，知道您一定很忙，所以就亲自来您这里了。"

客户只应了一声"请坐"，又低头去看刚才那本产品宣传册。潘先生已经猜出客户喜欢碎纸机上有门。沉思片刻，潘先生找到一把椅子在客户旁边坐下，和和气气地说："我们公司的碎纸机上有圆洞，同样可以取出纸屑，而且方便得多。"

客户点点头，想了想又说："圆洞是能取出纸屑，但是未必比拉门方便啊。"潘先生不慌不忙地应道："您是搞工程技术的，一定知道废纸被切碎时洞口要承受不小的振动，如果洞口是圆形的，圆上各点的曲率完全相同，整个边受力均匀，不易损坏；反之，如果拉门的洞口是方形的，受力不均，使用寿命要大打折扣。"

客户看着潘先生，迟疑了一会儿说："您的解释的确有道理，我虽是技术出身，却很注重美观，圆形难免让人感到呆头呆脑的。"

潘先生又说："圆是由一组到平面一点距离相等的点组成的，它线条光滑、流畅，一气呵成，多么和谐，多么完整，平时所言'圆满'，就是这个道理啊。您买了以后，保您用了会非常满意。"

这位客户被潘德仁丰富的力学、美学知识所折服，终于微笑着签了订单。

一名出色的推销员，除了要对产品本身了如指掌外，还需要具有较强的语言表达能力，只有这样才能在与顾客打交道时得心应手，游刃有余。

推销员虽然在与顾客接触前，都对推销对象做过一定程度的分析与研究，并进行了接洽前的准备，制订了推销方案，但由于实际推销时面对的顾客太多，无法把所有顾客的本能反应全部列举出来，必然会出现一些意想不到的情况。对于这样突然的变化，推销员要理智地分析和处理，遇事不惊，随机应变，并立即提出对策，这就是应变能力。世间不可能有一劳永逸的处理应变的方法，任何再好的方法也只是在一定条件、时间和地点下适用。

案　例

一名推销员正在向一群顾客推销一种钢化玻璃杯，他首先向顾客介绍商品，宣称其钢化玻璃杯掉到地上是不会坏的，接着进行示范表演。碰巧拿到一只质量不合格的杯子，只见他猛地往地下一扔，杯子"砰"地一声全碎了，这出乎他的意料，顾客对此目瞪口呆。面对这样尴尬的局面，假如你是这名推销员，你将如何处理呢？这名富有创造性的推销员急中生智，首先稳定自己的心境，笑着对顾客说："看见了吧，这样的杯子就是不合格品，我是不会卖给你们的。"接着他又扔了几只杯子，都获得了成功，博得了顾客的信任。

这位推销员的杰出之处就在于，他把本来不应该发生的情况转变成事先准备好的推销步骤，将推销演绎得天衣无缝。

（二）推销员的基本礼仪

推销员是企业的"外交官"，是企业与顾客沟通的友好使者，他们所代表的不仅是自己，其一言一行、一举一动也代表着企业的形象。为了树立良好的企业形象，以使推销工作顺利开展，推销员应注重推销的基本礼仪。在推销商品之前，先把自己推销给顾客，顾客接受了这个人，才可能接受其所推销的商品。推销自己，就是要推销自己的言谈举止、仪表风度、个性品质、处事原则和价值观念等。

推销员的礼仪主要包括以下几个方面。

1. 仪表、服饰与打扮应有机结合

推销员具有吸引力的外表、得体的服装加上恰当的装饰，必然会给顾客留下深刻与强烈的第一印象，使顾客与其产生深入交往下去的兴趣。这里强调三位一体，即仪表、服饰与打扮应有机结合，因为只具备某些局部的优势，可能并不能使顾客对其形成良好的感觉。例如，有富有魅力的（有吸引力的，但不等于漂亮的）脸庞，并不能说明这个人就是美的。推销员讲究自身的仪表与装束并不是本末倒置，也不是为了显示，而只是为了在推销商品时不必为自己的仪表担忧。推销员展示在顾客面前的绝非只是面部与头部，顾客关注的是这个有得体服装所包装的完整的人，顾客重视的是其气质、风度与精神面貌。

2. 注意服饰与装束

适宜的衣着是仪表的关键，因此推销员必须注意服饰与装束。服饰的穿着没有固定的模式，应该根据预期的场合、所推销的商品类型等灵活处理。一般来说，推销员以穿白衬衣、打领带、配深色西装为宜。如果故意穿奇装异服，想以此给顾客留下深刻的印象，则是不明智的。推销员的服饰应与顾客的服饰基本吻合，如果反差太大，顾客将难以接受其推销的商品，从而会使推销员自惭形秽，内心紧张，失去适宜的推销氛围。如果一名推销员穿着华丽的服饰、佩戴奢华的首饰地去走访顾客，那无疑会令客户产生疑虑，甚至丧失销售机会。推销员的服饰还应与顾客所在的场合相一致，如果顾客是在工作场所，则穿着应较为正规；如果顾客是在家中，则穿着应当随便一些；如果顾客是高层管理者，则应注意服饰的品牌、质地。推销员也应注重自身的整洁状况和卫生习惯，尤其是男推销员，应经常修理自己的胡须、头发，给人以精神饱满的感觉，不能不修边幅，使顾客反感，从而失去了推销的机会。

总之，精干的外表、匀称的体型、得体的服饰，会给顾客留下良好的整体印象，它将对推销活动产生重大影响，绝不能忽视第一印象的重要性。

3. 推销员着装的参考标准

1）一定要身着西装或者轻便西装，不可穿品质低劣的衣服，因为穿这种衣服时，会被人视为推销失败的象征。

2）衣着的式样和颜色应该尽量保持大方、稳重。

3）参加正式的商业洽谈或较严肃的销售会议，应穿深色的服装，越严肃的场合，越需要注意服饰。

4）浅色的衣服看起来较亲切，不会让人感到有压迫感，但只适合较轻松的商业会议或一般性访问。

5）不可以穿着代表个人身份或宗教信仰的标记服饰。

6）不要佩戴太多的装饰品。

7）千万不要穿绿色衣服和流行服装，因为这些服饰经常在变化，会给顾客以不稳定、不成熟和不可靠的感觉。

8）不要穿双层针织裤和衬衫，因为双层针织款式让人感觉不专业，也会将个人体形的缺点显露出来。

9）可以佩戴某种能代表本公司的标志，或者穿上与产品形象相符合的衣服，以便增加顾客的信任度。

10）绝对不要戴太阳镜或变色镜，否则顾客会看不清你的眼睛，这样很难赢得顾客的信任。

（三）推销员的谈吐举止

除了仪表和服饰之外，推销礼仪还包括推销员的言谈举止、习惯。如果说仪表是取得与顾客交谈的钥匙，那么言谈举止是征服顾客心灵并取得其信任的推进器。透过一个人的言谈举止，可以看出这个人的自我修养水平。客户对推销员的良好印象，不但来自推销员亮丽、和谐的外表，更重要的是来自推销员高雅不凡的谈吐举止。

1. 敲门礼节

推销员到达顾客门前时，无论门是关闭的还是开着的，都应轻轻适度地敲门。如果门是关闭的，敲门后，推销员应退后一步，等待顾客开门。如果门是开启或虚掩的，应得到顾客的同意，方可进入室内。雨天拜访顾客时，不应将雨具带入室内，而应放在室外或指定的地方。看到客户时，应该点头微笑，表示友好。自此，微笑的表情应一直保持到拜访完毕，直至离开顾客为止。

2. 自我介绍和递（接）名片的礼节

自我介绍是推销员表明身份的常见方式。在进行自我介绍时，要简要明了。一般情况下，推销员可先说声"您好"，然后报上自己的身份和姓名。如果有同行者，首先自我介绍，接着介绍同行人的身份和姓名。推销员可以在问候顾客时或自我介绍时，递上自己的名片。

名片的正确递法应该是：当双手均空时，双手的食指弯曲，与大拇指一起分别夹住名片的两角，名片上的字体反向对己，正向朝对方，使对方接过名片就可正读；在只有一只手有空的情况下，应把右手的手指并拢，将名片放在掌上，以食指的根部与拇指夹住名片，恭敬地送向对方，字体朝向，其他同上。

接受对方名片时应注意，必须双手去接，接过对方名片后，一定要专心地看一遍，切不可漫不经心地往口袋一塞了事。遇有冷僻字时，可向对方请教，这是谦虚有礼貌的表现，表示很重视、很认真。不可将其他东西放在名片上，或下意识地摆弄名片，这是对对方不尊重的表现。如果推销员想得到对方的名片，可主动要求，一般对方不会拒绝。

3. 称呼礼节

无论是面见客户，还是打电话、写信给客户，总少不了称呼对方。恰如其分地称呼对方，是推销礼仪的内容之一，称呼对方要考虑场合，与对方的熟悉程度，对方的年龄、性别、职务等因素。

在比较正式的场合，一般用"姓+职务"的形式称呼对方。如果推销员与客户很熟悉，关系极好，且自己的年龄、职务均低于对方，可称对方为"张大哥""李大姐"；如果自己的年龄、职务均高于对方，可直呼其名或称"小张""小李"等。

通常情况下，也可称男性客户为"先生"，称青年女性客户为"小姐"，称中老年女性客户为"女士"。可在称谓前冠以对方的姓，对于教育、新闻、出版、文艺界人士不论职务、职位，可统称为"老师"，对蓝领工人可统称为"师傅"。

4. 问候礼节

问候客户是推销礼仪的内容之一。打招呼时，一定要亲切、热情，应是发自内心的问候，而不只是一种表面的形式，要真正从情感上打动顾客。推销员应因人、因时、因地选择一个合适的话题与顾客打招呼，而寒暄或问候顾客是从相识、相见（老顾客）到正式会谈的必要的过渡环节。它能起到缩短推销员与客户的感情距离，自然进入正式会谈的作用。

1）新、老顾客都适用的话题。关于时间的问候，就是根据见面的时间特征问候顾客，如"早晨好""下午好"等。关于天气的问候，就是以见面时的天气情况为话题与顾客寒暄，如"早上还下雨，这会儿出太阳了，真好""南方的空气湿润，感觉真好"。寒暄时以赞美为主，不要抱怨，以免破坏会谈气氛。

2）仅对老顾客适用的话题。关于顾客兴趣爱好的问候，如"最近又有大作发表吧？""最近股票炒得还好吧？"等。关于客户行动的问候，就是根据顾客最近的活动情况，找出适当的话题问候顾客，如"北京之行收获挺大吧？""去上海出差还顺利吧？"等。关于客户健康容貌问题的问候，如"嗬！一年不见，您依然光彩照人"等。

5. 握手礼仪

握手是现代人相互致意的最常见的礼仪，在推销活动中，推销员与顾客见面或告别时应当握手。

握手时，双方应正视对方的脸和眼睛，面带微笑，双脚不能分得太开。推销员为了表示对顾客的尊敬，可稍稍欠身或双手握住对方的手。当推销员与顾客均为男性时，手应握满，并稍加用力地抖动一两下。握手时，如果手疲软无力，会给对方不够真诚热情、敷衍了事的印象；用力太大，则又有热情过度、鲁莽之嫌。所以，握手时，推销员应根据对方的个头、体质，适当地把握用力程度。

女推销员与顾客见面时，应主动伸手以示友好。男推销员面见女性顾客时，则应等女顾客伸手后，才能相应地伸出手去。男性与女性握手，通常只握一下女性的手指部分，动作应轻柔。握手的时间，以两三秒为宜。

6. 面谈中的礼节

一般情况下，在顾客未坐定之前，推销员不应该先坐下。

面见新顾客时，椅子或沙发不要坐得太满，背部与椅子或沙发的靠背自然贴靠，上身不宜大角度后仰，身体应尽量端正，两脚成平行放好。将腿向前直伸或向后弯曲，都会使人反感。

正确的站姿是两脚着地，两脚呈45°，腰背挺直，自然挺胸，脖颈伸直，两臂自然下垂。

对顾客提供的任何帮助或服务，如帮着提行李、敬茶等，均应说"谢谢"。绝对不可任意取用或玩弄顾客室内、桌上的东西，如确实需要使用，应先取得顾客的同意。

以积极的心态认真听顾客讲话，眼神注视对方，如果赞同顾客陈述的观点，应以欠身、点头或以语言"对，是这样""是的，您说得很对"等，表示同意和鼓励。如因对方语速快、声音小或其他原因没听清楚对方的意思，可以说："对不起，我没听清楚，请再说一遍。"

推销员在陈述推销意见和进行现场示范表演时，态度要热情，语气要平和，动作要沉稳、有序，不要紧张、忙乱，否则会给人留下信心不足、业务不熟、缺少训练、不成熟的印象。

交谈结束时，要细心收拾在谈话中出示的文件资料和示范用品。如果是留给顾客的文件资料、示范用品，要整理在一起，明确告诉对方。如果确实占用了顾客不少时间，告别前应该说："对不起，今天占用了您这么多宝贵的时间。"然后握手告别。

推销员在面见顾客时，除了要遵守一些基本的推销礼节外，还应该尽量避免各种不礼貌或不文雅的习惯，如心不在焉，东张西望，不认真听顾客讲话，脚不停地颤抖或用脚敲击地板发出响声，不停地看表，魂不守舍，慌慌张张，把物品碰落在地上等。

7. 使用电话的礼节

电话已经成为推销员常用的一种推销工具。推销员可以通过打电话进行市场调查、约见客户、直接进行电话推销或商谈具体的业务事项。因此，推销员也应注意使用电话方面的一些礼节。应主动说明自己的身份、目的；讲话应层次清楚、逻辑性强，音量要适度；通话过程中应用"请""谢谢"等礼貌用语；打完电话应等对方挂断后，再轻轻地挂上电话机；打错电话，应表示歉意。如果是接电话，应及时拿起听筒，无论是找自己还是别人，都应热情，不要冷冰冰的或冷嘲热讽。

8. 吸烟的礼节

推销员最好不要吸烟，因为吸烟有害身心健康，也容易分散自己的注意力，而且有些不吸烟的顾客（特别是女顾客）对吸烟者有厌恶情绪，这会影响产品的推销。当推销员自己吸烟而顾客不吸烟时，就不要在交谈时吸烟，以免因为吸烟而断送了本可达成的交易；如果推销员吸烟，要走访的顾客也吸烟，可以主动地递上一支烟，要是顾客首先拿香烟招待，推销员应该赶快取出自己的香烟递给对方，并说"先吸我的"，要是已经来不及，应起身双手接烟并致谢。在吸烟时，要讲究卫生，注意安全。吸烟时，要注意一定要将烟灰弹入烟灰缸，烟头要掐灭，放入烟灰缸内，不要随意乱弹烟灰、乱扔烟头，要注意安全，不要烧坏顾客的桌面、沙发、地毯等用具。

9. 招待客户进餐的礼仪

在推销工作中，少不了必要的招待与应酬，但推销员在进餐时不要铺张浪费、大肆挥霍，要注意进餐的一些礼节，摒弃一些坏的习惯。请顾客进餐时，应注意：①选择宴请地点要考虑到顾客的心理：②菜肴要适合顾客的胃口，最好由顾客点菜；③陪客人数要适度，一般不能超过顾客人数；④不能醉酒，劝酒要适度，以客户酒量为限，要打破一些陈规陋习；⑤最好自己单独去结账：⑥宴毕，应请顾客先走。

案 例

一位先生在报纸上登了一则广告，要雇一名勤杂工到他的办公室做事。大约有50人前来应聘，这位先生却选中了其中一个男孩。他的一位朋友问道："为什么选中了那个男孩？他既没有介绍信也没有人引荐。"这位先生说："他带来了许多'介绍信'。他在门口蹭掉了脚上的泥土，进门后随手关上了门，说明他做事小心仔细。当看到那位残疾老人时，立即起身让座，表明他心地善良，体贴别人。进了办公室他先脱去帽子，回答我提出的问题时干脆果断，证明他既懂礼貌又有教养。其他所有人都从我故意放在地板上的那本书上迈过去，只有他俯身捡起那本书，并放回桌子上。当和他交谈时，我发现他衣着整洁，头发梳得整整齐齐，指甲修剪得干干净净。难道这不是最好的介绍信吗？"

任务演练

同学之间讨论如何培养推销员的职业素养。

 职业素质

选 班 花

女生公开投票选班花，相貌平平的小梅发表演说："如果我当选，再过几年，在座姐妹可以向自己的先生骄傲地说：'我上大学的时候，比班花还漂亮！'"结果，她全票当选。

启 示 说服别人支持你，不一定要证明你比别人多优秀，而是让别人觉得，因为有你，使他们变得更优秀、更有成就感。

项 目 总 结

认知推销是本项目的基础，它包括推销的内涵、要素等基本理论部分，以及推销的原则与流程，最重要的是推销员的职业素养三大方面的内容。通过学习本项目，学生对推销工作有了整体性的了解，为学习后续内容奠定基础。

练 习 题

一、选择题

1. 现代推销活动中的推销主体是（ ）。
   A. 产品　　　　B. 顾客　　　　C. 推销人员　　　　D. 企业
2. 成功推销的关键是（ ）。
   A. 所推销的产品物美价廉
   B. 推销人员多吃苦、多跑路、多说话、多陪笑脸
   C. 多给回扣，还要做得巧妙，不露痕迹
   D. 掌握说服人的技巧
3. 推销活动的基本要素包括（ ）。
   A. 推销主体　　B. 推销目的　　C. 推销媒介
   D. 推销环境　　E. 推销客体
4. 在推销过程中，推销人员必须坚持的原则有（ ）。
   A. 利润第一　　B. 互惠互利　　C. 诚信为本
   D. 说服诱导　　E. 需求第一
5. 现代推销人员的工作职责有（ ）。
   A. 销售产品　　　　　　　　B. 树立企业形象
   C. 为顾客提供服务　　　　　D. 搜集市场信息
   E. 建立稳固的业务关系和友善的人际关系

二、案例分析题

有个人十年来始终开着一辆车，未曾换过。有许多汽车推销员跟他接触过，劝他换辆新车。甲推销员说："你这种老爷车很容易发生车祸。"乙推销员说："像这种老爷车，修理费相当可观。"这些话触怒了他，他固执地拒绝了。有一天，有个中年推销员到他家拜访，对他说："我看你那辆车子还可以用半年；现在若要换辆新的，真有点可惜！"事实上，他心中早就想换辆新车，经推销员这么一说，遂决定实现这个心愿，次日他就在这位与众不同的推销员那里购买了一辆崭新的汽车。

1. 该顾客对甲推销员和乙推销员的拒绝属于（　　　　）。
   A．产品拒绝　　　B．情绪型拒绝　　　C．理智型拒绝　　　D．委婉拒绝
2. 下面各项中不能说明题干中的中年推销员成功的主要原因的是（　　　　）。
   A．把握了顾客的真实心理需求
   B．运用了恰当的推销语言
   C．他积极主动上门推销
   D．该推销员不怕失败，为自己的推销制定了合理的目标

三、实训题

1. 各组将谈恋爱的过程和推销流程一一对应，每组模拟演绎其中一步流程，找出二者之间的联系。
2. 让学生自己得出结论：女孩为什么追不到，客户为什么谈不成；女孩为什么跟你结婚，客户为什么可以成交。

项目二　寻找接近顾客

📖 学习目标

1. 知识目标

灵活熟练地运用寻找和接近顾客的方法和技巧。

2. 能力目标

能够利用所学知识，准确快速地对顾客进行定位，及时寻找到准顾客，进一步接近顾客，促成订单完成。提升快速捕捉生活中有价值的信息的能力。

3. 职业素质目标

学生要养成善于思考的习惯，培养抗挫折能力和自信心，要相信自己的能力和价值，能够进行自我激励。

任务一　寻找与识别顾客

学习情境一　认　知　顾　客

▶ 情境导入 ////

　　某企业的一位推销员小张做推销工作已多年，经验丰富，关系户较多。加之他积极肯干，在过去的几年中，推销量在公司内始终首屈一指。谁知自从一位新推销员小刘参加推销员培训回来后，不到半年，其推销量直线上升，当年就超过小张。对此，小张百思不得其解，问小刘："你出门比较少，关系户没我多，为什么推销量比我大呢？"小刘指着手中的资料说："我主要是在拜访前，分析这些资料，有针对性地拜访。比如，我对124名老顾客进行分析后，感到有购买可能的只有94户，根据以往经验，这94户中有21户的订货量不大，所以，我只拜访73户，结果，订货率较高。其实，我的124户老顾客中只有57户订货，订货率不足50%，这样可以节约出大量时间去拜访新顾客。当然，这些新顾客也是经过挑选的，尽管订货率不高，但建立了关系，还是值得的。"从小刘的这些话可知，成功的关键，就在于重视对目标顾客的选择。

　　想一想：从上述案例不难看出，重视并科学地寻找、识别顾客，对推销工作的成败起着至关重要的作用。那么，如何寻找、识别顾客呢？

相关知识

（一）准顾客的定位

1. 准顾客的含义

准顾客也叫目标顾客，是指对推销人员产品或服务确实存在需求并且具有购买能力的组织或个人。寻找顾客是指寻找潜在可能的准顾客。

经过市场调查、细分市场、产品定位，每个行业会有不同的目标顾客，分析自己的准顾客的共同属性可从区域、行业、年龄、收入、文化等方面入手。

2. 寻找准顾客的程序

寻找准顾客的程序，如图 2-1 所示。

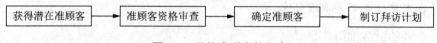

图 2-1　寻找准顾客的程序

（二）"我"的人脉与顾客

人脉等于钱脉，画图扩展人际网络，通过自己的亲戚、同学、朋友逐渐发散，看你可以结识多少人。业务员要在生活中处处留心，就可以找到很多商机。

例如，"250 人脉"法则。在每位顾客的背后大约站着 250 个人，这是与他关系比较亲近的人：同事、邻居、亲戚、朋友。

任务演练

制定一份客户资料档案表。

1. 训练目的与要求

1）设计客户资料档案表或客户资料。
2）掌握客户资料的收集方法。

2. 训练内容与步骤

1）将全班同学分组，每组 5～7 人。
2）分发资料。
3）寻找资料内涵信息，锻炼学生的观察力和思考力。

学习情境二　寻　找　顾　客

情境导入

某推销员推销时，总是带两张纸。一张纸写了许多字，一张纸是白纸。那张有字的是顾客的推荐信，当遇到顾客拒绝时，他会说："某先生，您认识王×先生吧？他是我的顾客，他用了我们的商品很满意，他希望他的朋友也享受这份满意。您不会认为这些人买我的商品是件错误的事情吧？""你不会介意把您的名字加入他们的行列中去吧？"运用这种方法，他一般能取得较好的效果。当成功地销售一套商品之后，他会拿出另一张白纸，说："×先生，您觉得在您的朋友当中，还有哪几位可能需要我的商品？""请介绍几位您的朋友让我认识，以便让他们也享受到与您一样的优质服务。"然后把纸递过去。85％的情况下，顾客会为他推荐两三位新顾客。

想一想：开发顾客的渠道和寻找顾客的方法有哪些？

相关知识

（一）开发顾客的渠道

1. 在本单位内部寻找准顾客

1）企业的财务部门。
2）企业的服务部门。
3）公司销售记录。
4）广告反馈记录。
5）客户服务电话记录。
6）公司网站。

2. 在外部寻找准顾客

1）在现有顾客中寻找准顾客。
2）从市场调查走访中寻找准顾客。
3）在认识的人中寻找准顾客。
4）从商业联系中寻找准顾客。
5）善用各种统计资料寻找准顾客。
6）利用各种名录类资料寻找准顾客。
7）通过各种贸易展销会寻找准顾客。
8）充分利用互联网络、微信寻找准顾客。

（二）寻找顾客的方法

1. 地毯式访问法

地毯式访问法（cold canvass），俗称"扫街"，又称普遍寻找法，是指在对推销对象一无所知或知之甚少的情况下，推销人员直接走访某一特定区域或某一特定职业的所有个人或组织，以寻找准顾客的方法。

（1）地毯式访问法的优点
1）地毯式铺开不会遗漏任何有价值的顾客。

2）寻找过程中接触面广、信息量大，各种意见和需求，以及顾客对产品的反应等信息都可能收集到，是分析市场的一条途径。

3）让更多的人了解自己的企业。

4）推销员可以借机进行市场调查，并能比较客观和全面地反映顾客需求状况。因为顾客不认识推销员，可以毫不客气地表明自己的真正立场和真实看法。同时，这也可能会扩大商品的影响，为推销员积累工作经验。

（2）地毯式访问法的缺点

1）导致推销工作的相对盲目性。

2）成本高，费时费力。

3）容易导致顾客产生抵触情绪。

（3）需要注意的问题

1）要减少盲目性。

2）要在总结以前经验的基础上，多做几种访问谈话的方案与策略。

（4）适用场合

采用该种方法主要寻找对推销对象一无所知，进入新的销售区域或领域的顾客。

2. 链式引荐法

链式引荐法（the endless chain），就是推销员在访问现有顾客时，请求其为自己推荐可能购买同种商品或服务的准顾客，以建立一种无限扩展式的链条。也就是推销员依靠他人，特别是现有顾客，来推荐和介绍有可能购买产品的潜在顾客的一种方法。这是西方国家推销员经常使用的一种方法。

（1）链式引荐法的优点

1）可以减少推销过程中的盲目性。

2）由于经人介绍，易取得信任感，因而成功率较高。

（2）链式引荐法的缺点

1）由于准顾客要靠现有顾客引荐，事先难以制订完整的推销访问计划。

2）由于寻找准顾客受到现有顾客的制约，可能会使整个推销工作处于被动的地位。

（3）需要注意的问题

1）取信于现有顾客。

2）对现有顾客介绍的未来顾客，推销员也应进行可行性研究与必要的准备工作。

3）推销员应尽可能多地从现有顾客处了解关于新顾客的情况。

4）在推销员访问过介绍的顾客后，应及时向现有顾客（介绍人）汇报情况。

（4）适用场合

工业用品常使用该种方法寻找潜在顾客，因为同行之间联系广泛；采用该种方法寻找无形产品的潜在顾客也尤为适合，能够体现口碑的作用。

3. 中心开花法

中心开花法（center of influence method），是指通过推销努力让某一领域具有影响力的核心人物（或名人）成为自己的客户，利用核心人物的广泛影响，发展准顾客的方法。也就是通过名人的影响力，把该范围内的其他个人或组织变为自己的准顾客。

采用中心开花法的前提是核心人物愿意合作。

（1）中心开花法的优点

1）推销员可以集中精力向少数中心人物做细致的说服工作，避免推销员重复单调地向每一位顾客进行宣传和推销，节约了时间和精力。

2）能通过与中心人物的联系了解一大批顾客，还可以借助中心人物的社会地位扩大商品的影响力。

3）可以提高推销员的知名度和美誉度。

（2）中心开花法的缺点

1）中心人物比较难接近和说服。

2）有时难以确定一定领域的中心人物。

（3）需要注意的问题

1）寻找中心人物是决定这种方法使用效果的关键。

2）推销员要努力争取中心人物的信任与配合。

3）在现行政策允许的条件下，千方百计地开展推销活动，与中心人物建立良好的人际关系。

（4）适用场合

采用该种方法主要寻找时尚商品、无形产品的潜在顾客。

4. 关系拓展法

关系拓展法，是指利用各种社会关系（如同学关系、师生关系、同事关系、上下级关系、亲属关系、老乡关系等）寻找准顾客的方法。采用该种方法主要寻找日用消费品的准顾客。

5. 个人观察法

个人观察法，是指推销员通过对周围环境的直接观察和分析，以寻找准顾客。例如，美国有一位汽车推销员，整天开着一辆新车在街道转来转去，寻找旧汽车，向旧车主人推销。

（1）个人观察法的优点

1）直接性。

2）情境性。

3）及时性。

4）纵贯性。

5）普遍性。

（2）个人观察法的缺点

1）受观察对象的限制。

2）受观察者本人的限制。

3）受观察范围的限制。

4）易受无关变量的干扰，缺乏控制手段。

6. 委托助手法

委托助手法，又称"猎犬法"，就是推销员雇用他人寻找顾客的一种方法。

（1）委托助手法的优点

1）能够提高高级推销员的推销效率。

2）能有效地寻找新顾客。

3）可以提高产品知名度。

（2）委托助手法的缺点

1）确定"猎犬"比较困难。

2）推销员被动，受制于"猎犬"的工作业绩。

7. 广告"轰炸"法

广告"轰炸"法，又称广告探查法，是指推销员利用各种广告媒介寻找顾客的方法。主要手段包括邮寄广告或商品目录，利用电话、电子商务进行推销。

（1）广告"轰炸"法的优点

1）能够大规模地传播推销信息。

2）不仅可以寻找顾客，还具有说服的功能。

3）可以节省推销时间和费用，提高推销效率。

（2）广告"轰炸"法的缺点

1）推销对象的选择性不易掌握。

2）有些产品不宜或不准使用。

3）难以测定实际效果。

8. 资料调查法

（1）具体可查阅的资料

1）工商企业名录。

2）企业领导人名片集。

3）产品目录书。

4）电话号码簿及其插页。

5）各省、市、县的统计资料。

6）各种大众传播媒介公布的财经消息。

7）年鉴及定期公布的经济资料。

8）各种专业性团体的成员名册。

9）商标公告、专利公告。

10）银行账号及其提供的信息资料。

11）政府及各主管部门可供查阅的资料。

（2）需要注意的问题

1）要对资料的来源及提供者进行信用分析，以确认资料与信息的可靠性。

2）注意资料的时效性，以及可能会因为时间关系而出现错漏等问题。

（三）与时俱进——寻找顾客的必学之法

1. 黄页

一般公司都有很多黄页。黄页是国际通用的按企业性质和产品类别编排的工商企业电话号码簿，以刊登企业名称、地址、电话号码为主体内容，相当于一个城市或地区的工商企业的户口本，国际惯例是用黄色纸张印制，故称黄页。

推销员可以按照上面的分类等找到原始目标客户。现在深圳也有很多专业类的行业黄页，如家电黄页、玩具黄页等。推销员最好找到这样的黄页来收集第一手资料。这些黄页一般在大的图书馆都有，可以去那里摘抄。

2. 浏览招聘广告

例如，《深圳特区报》每天都刊登大量的招聘广告，还有《南方都市报》每周一都有招聘广告，推销员可以通过阅览招聘广告来获得自己想要的客户。推销员也可以到附近的招聘市场看看，招聘市场一般会在门口贴出每天的招聘单位的名称和招聘工种。推销员还可以通过其招聘的工种来分析他是做什么的，这样就可以找到自己想要的客户了。另外，推销员可以去一些大的工业区附近转转，现在几乎工厂都在招工，也可以通过他们门口的招工广告找到客户。推销员还可以上网浏览招聘网站，如卓博招聘网等。

从招聘广告中寻找客户的好处是，可以找到很多新的客户，因为有很多新的工厂，或者刚开，或者刚搬过来，如果推销员第一个找到他，那就是捷足先登了。另外，一般有能力大量招工的厂家，生意也比较好，这样对业务做成功后的货款回收也较有利。

3. 网络搜索

推销员可以通过关键词去搜索，如在百度中输入要找的产品的名字，可以找到大量的客户，也可以通过专业的网站来找客户，如阿里巴巴、慧聪网等。这样可以找到很多客户的名单，而且可以找到老板的姓名、手机号码等。

4. 交际网络

通过交际网络的相互介绍来发展客户。因为当今是讲究资源共享的时代。

5. 以老带新

这是成功率最高的方法。有经验的推销员在有了几个原始客户以后，就会认真服务好这些客户，和他们做朋友。等到彼此熟悉了，就开口让他们介绍同行或者朋友给自己。这时候不要让他们只是给自己名单，名单哪里都可以找到，最主要的是要让他们帮自己打电话。他们帮自己打一个推荐电话，胜过自己打100个电话。

任务演练

刘伟是某大学管理学院的三年级学生，刚刚接受了一份阳光岛度假村俱乐部的暑期工作。刘伟第一次参加销售会议，女经理谭园正在阐述她对销售人员的希望。

谭园：我知道当你们被聘请时，就已经知道需要做什么了。但是，我还想再次就有关事情做进一步的说明。现在你们的第一项工作是销售阳光岛会员卡。每一张会员卡的价值为 2000 元人民币。如果你们有什么问题，请直接提问。

刘伟：每一笔买卖我们可以提取多少佣金？

谭园：每销售一张会员卡，你可以拿到其会员卡价值的 10%，也就是 200 元。会员卡赋予会员很多权利，包括每年可以到太阳岛度假村免费入住两天，届时可以享受度假村的桑拿浴与健身，可以获得两份免费早餐。若会员平时到度假村度假的话，住宿、餐饮、娱乐、健身等都可以享受 50% 的优惠折扣。另外，你还可以从会员的所有费用中提取 5% 的报酬。

刘伟：那么，我可以获得双份的报酬了？

谭园：不错。你销售得越多，提取的佣金就越高。

刘伟：我到哪里去寻找太阳岛度假村的会员呢？

谭园：你完全可以自己决定如何做。但是，寻找潜在顾客是你成功的关键。根据以往的经验发现，在你找到的每十个潜在顾客中，你会与其中的三个顾客面谈，最后与一个成交。

根据上述资料思考以下问题：

1）刘伟应集中于哪一个目标市场？

2）刘伟应怎样寻找潜在顾客？列举方法，并说明如何应用。

学习情境三　识 别 顾 客

情境导入

玛丽是比利时布鲁塞尔一家家庭生活用品公司的推销员。为了寻找到更多的潜在顾客，扩大公司产品的销路，玛丽请求中学同学玛格丽特给予支持。玛格丽特是一名家庭主妇，30 岁左右，金发碧眼，能说会道，在周围的邻居中间很有人缘。玛格丽特决定帮助玛丽召开一次别具一格的家庭推销会。

推销会时间定在晚上，参加推销会的人是一些家庭主妇。当玛丽走到玛格丽特的家门口时，就听到悦耳的古典轻音乐声，夹杂着几位女宾轻轻的谈笑声。一进门，女主人就热情地接待了玛丽，并将在座的诸位介绍了一下。聊了一会儿，女主人微笑着说道："今天请大家来，请欣赏一个节目，不需破费，请大家看好了。"接着她叫玛丽把厨房用具一件件陈列在会客室正中的桌子上，一边介绍一边演示："这个饭盒通电十分钟便可烧熟三口之家的食物。"她往盒内放米，加水做饭，并说道："这是双层塑料碗，可以保温两个小时以上。"她往碗里倒满开水盖上盖子并说：这是塑料饭盒，放进新鲜蔬菜，可以保鲜半个月。"接着她用新的配方、新的器具演示做"布丁"（甜点心），大家被她的演示吸引，时不时地发出"啧啧"的赞美声。

产品介绍告一段落，玛格丽特又兴致勃勃地宣布要进行一项小小的测验，给每个人发了纸和笔，口述试题：世界五大名牌矿泉水在哪几个国家？法国的名酒是什么？等。主妇们认真地写出了答案。她轻盈地走到每个人的面前，给每个人评了分，然后根据考试成绩，赠送给每个人一件奖品，有塑料长柄勺、塑料儿童小玩具。

然后，玛格丽特又给主妇们发了几张纸，让她们写出刚才做"布丁"的用料和做法。随后，端上"布丁"，请大家品尝，"布丁"果然美味可口，博得了大家的连声称赞。性急的客人询问做"布丁"用具的价钱和购买地点。这时，玛丽不慌不忙地拿出几套随身带来的用具，告诉她们，这是某公司的产品，希望大家惠顾。其产品得到了广为宣传。主妇们买到了称心如意的用具，家庭推销会在一片欢乐的气氛中结束。

想一想：玛丽运用什么方法成功寻找到了顾客？

相关知识

（一）顾客资格审查的内涵

顾客资格审查，又称顾客评价或资格认定，是指推销员对已选定的顾客，按一定的标准进行评审，以确定适当的目标顾客的行动过程。

对准顾客资格的认定有三项内容：①需求的认定；②支付能力的认定；③购买决策权的认定。

将潜在顾客进行分类，如表 2-1 所示。

表 2-1　潜在顾客的分类

购买能力	购买决定权	需求
M（有）	A（有）	N（大）
m（无）	a（无）	n（无）

分别采取的不同组合策略说明如下：

M+A+N：有望客户，理想的销售对象，紧紧把握这个机会。

M+A+n：可接触，配上熟练的销售技术，有成功的希望。

M+a+N：可接触，并设法找到 A 之人（有决定权的人）。

m+A+N：可接触，需调查其状况、信用条件等给予融资。

m+a+N：可接触，应长期观察、培养，使其具备另一条件。

m+A+n：可接触，应长期观察、培养，使其具备另一条件。

M+a+n：可接触，应长期观察、培养，使其具备另一条件。

m+a+n：非客户，停止接触。

（二）顾客资格审查的意义

1）对潜在顾客进行资格审查是推销成功的基本法则。

2）对潜在顾客进行资格审查能提高推销工作的效率和效益。

3）对潜在顾客进行资格审查是推销合同得以顺利履行的前提。

（三）顾客资格审查的内容

1. 顾客购买力审查

1）顾客购买力审查的目的。

2）顾客购买力审查的内容。

3）顾客购买力审查的方式。

4）审查购买力时应注意的事项。

2. 顾客购买权限审查

1）家庭及个人的购买者决策权审查。

2）组织购买的决策者资格审查。

3. 顾客购买信用审查

1）顾客的生产状况审查。

2）顾客的经营状况审查。

3）顾客的资金状况审查。

4）顾客的账务状况审查。

5）顾客的信用状况等审查。

任务演练

1）通过什么途径搜集信息，可以找到正确的客户？

2）如果卖奶粉、电脑、减肥药，你准备卖给谁？为什么？

学习情境四 选 择 顾 客

情境导入

　　肯德基以回头率划分消费者，可以分为重度、中度、轻度三种类型。重度消费者是指一周来一次的，中度消费者是指大约一个月来一次的，半年来一次的算轻度消费者。经过调查发现，肯德基的重度消费者几乎占了 30％～40％，对于他们来说，肯德基已经成了其生活的一部分。

　　对于重度消费者，肯德基的营销策略是，要保证对他们的忠诚度，不要让他们失望。这些重度消费者对肯德基很了解，因为他们经常光顾，甚至肯德基的服务员跟他们都是好朋友。对他们唯一且简单的方法，就是不要让他们在质量和服务上感到失望。

　　对于轻度消费者，在调查中发现，很多人没有光临肯德基店的最大一个因素是便利性。转化这部分消费者只有通过不断地开店来实现。

　　想一想：肯德基的消费者划分方法，为我们推销工作在客户分类上有哪些启示？

相关知识

（一）客户分类

按客户对企业的价值来区分客户，对高价值的客户提供高价值的服务，对低价值的客户提供廉价的服务。也可以分为长期客户和临时客户。对长期客户采用优惠，对临时客户进行宣传服务。对客户进行分类，有利于针对不同类型的客户进行分析，分别制定客户服务策略。

对客户进行分类时，对客户的选择非常重要，在某种意义上，客户选择就是客户分类。

1. **客户分类的方法**

对于客户分类，可以采用分类的方法，也可以采用聚类的方法。分类的方法是预先给定类别，如将客户分为高价值客户和低价值客户，或者分为长期固定客户和短期偶然客户等。然后，确定对分类有影响的因素，将拥有相关属性的客户数据提取出来，选择合适的算法（如决策树、神经网络等）对数据进行处理，得到分类规则。经过评估和验证后，就可将规则应用在未知类型客户上，对客户进行分类。

聚类的方法则是一种自然聚类的方式，在数据挖掘之前并不知道客户可以分为哪几类，只是根据要求确定分成几类（有些算法需要人为地确定输出簇的数目）。将数据聚类以后，再对每个簇中的数据进行分析，归纳出相同簇中客户的相似性或共性。例如，银行在长期的金融服务中，积累了大量的数据信息，包括对客户的服务历史、对客户的销售历史和收入，以及客户的人口统计学资料和生活方式等。银行必须将这些众多的信息资源综合起来，以便建立起一个完整的客户背景数据库。在客户背景信息中，大批客户可能在存款、贷款或使用其他金融服务上具有极高的相似性，因而形成了具有共性的客户群体。经过聚类分析，可以发现他们的共性，掌握他们的投资理念，提供有针对性的服务，进而引导他们的投资行为，提高银行的综合服务水平，并可以降低业务服务成本，获得更高的收益。通过客户细分，银行可以准确地把握现有客户的状况，采取不同的服务、推销和价格策略来稳定有价值的客户，转化低价值的客户，消除没有价值的客户。

2. **客户分类的目的与意义**

对客户分类的目的，不仅仅是实现企业内部对于客户的统一有效识别，也常常用于指导企业客户管理的战略性资源配置与战术性服务营销对策应用，支撑企业以客户为中心的个性化服务与专业化营销。

客户分类可以对客户的消费行为进行分析，也可以对顾客的消费心理进行分析。企业可以针对不同行为模式的客户提供不同的产品内容，针对不同消费心理的客户提供不同的促销手段等。客户分类也是进行其他方面的客户分析的基础，在分类后的数据中进行挖掘更有针对性，可以得到更有意义的结果。

3. 如何对客户进行分类

1）对于有兴趣购买的客户。对此类客户应加速处理。积极地通过电话进行跟进、沟通，取得客户的信任后，尽快将客户过渡到下一阶段。

2）对于考虑、犹豫的客户。对待此类客户，此阶段的目的就是沟通、联络，不要过多地介绍产品。要使用不同的策略，千万不要在电话接通后立即向客户推销产品，而是要与客户沟通，了解客户的需求、兴趣，拉进与客户的距离。通过几次电话沟通，将客户区分为有兴趣购买、暂时不买、肯定不买等类型，从而区别对待。

3）对于暂时不买的客户。要以建立良好的关系为目标，千万不要放弃此类客户。要与客户沟通，记录客户预计购买此类产品的时间等信息，同时要与客户保持联络渠道的畅通，使客户允许公司定期地将一些产品的功能介绍等宣传资料邮寄给他们或电话通知他们，同时在客户需要的时候可以与公司或本人联系。

4）对于肯定不买的客户。此类客户一般态度比较强硬，在沟通中，一定要打破客户的心理防线，然后了解客户不购买的原因。如果有产品功能方面的问题，一定要为客户做好解释，并将客户要求的一些扩展功能记录下来，集中汇总并提供给业务开发部门，以便改良产品或开发新产品。

5）对于已经报过价没有信息回馈的客户。对于已经报过价的客户，可以利用贸易沟通交流，也可以电话跟踪沟通，主要询问一下客户对产品的售后服务、产品质量、使用细则等不明白的地方，再做进一步详谈。不过价格是客户一直关心的最大问题，为了打消客户能否合作的顾虑，可以着重介绍一下产品的优点及与同行产品的不同之处、优惠政策等，要让客户觉得物有所值。在沟通价格时，建议在言语上暗示一些伸缩性，但一定要强调回报，如"如果你能够现款提货，我们可以在价格上给予 5% 的优惠待遇"或"如果你的订货量比较大的话，在价格方面我们可以给你下调 3%"，这样既可以让客户对自己的产品有更进一步的了解，在价格方面也有一定回旋的余地。切记：更好的服务，更高的产品质量，才是赢得客户的"法宝"。

（二）客户类型

通过对客户资料的统计分析，可以从中找到在许多方面相同或相似的客户群体。而且从不同角度出发，客户群有许多种分类。例如，客户群分类可按客户的地理位置、单位类型、消费规模、产品类型、产品价格等进行。这些不同的客户群体对企业的重要程度和价值是不同的，客户分类管理的关键在于，区分不同价值的客户，以便有效地分配销售、市场和服务资源，巩固企业同关键客户的关系。

在清楚地了解了客户层级的分布之后，即可依据客户价值来策划配套的客户关怀项目，针对不同客户群的需求特征、消费行为、期望值、信誉度等制定不同的营销策略，配置不同的市场销售、服务和管理资源。对关键客户定期拜访与问候，确保关键客户的满意程度，借以刺激有潜力的客户升级至上一层，使企业在保持成本不变的情况下，创造出更多的价值和更高的效益。

1. 关键客户

关键客户是金字塔中最上层的金牌客户，是在过去特定时间内消费额最多的前5%客户。这类客户是企业的优质核心客户群，他们经营稳健，做事规矩，信誉度好，对企业的贡献最大，能给企业带来长期稳定的收入，值得企业花费大量时间和精力来提高该类客户的满意度。对这类客户的管理应做到：

1）指派专门的营销人员（或客户代表）经常联络，定期走访，为他们提供最快捷、周到的服务，使其享受到最大的实惠，企业领导也应定期去拜访他们。

2）密切注意该类客户所处行业的趋势、企业人事变动等其他异常动向。

3）应优先处理该类客户的抱怨和投诉。

2. 主要客户

主要客户，是指客户金字塔中，在特定时间内消费额最多的前20%客户中，扣除关键客户后的客户。这类客户一般是企业的大客户，但不属于优质客户。由于他们对企业经济指标完成的好坏产生了直接影响，所以不容忽视。企业应倾注相当的时间和精力关注这类客户的生产经营状况，并有针对性地提供服务。对这类客户的管理应注意以下几点：

1）指派专门的营销人员（或客户代表）经常联络，定期走访，为其提供服务的同时要给予更多的关注，营销主管也应定期去拜访他们。

2）密切注意该类客户的产品销售、资金支付能力、人事变动、重组等异常动向。

3. 普通客户

普通客户，是指除了上述两种客户外，剩下的80%客户。此类客户对企业完成经济指标贡献甚微，消费额占企业总消费额的20%左右。由于他们数量众多，具有"点滴汇集成大海"的增长潜力，因此企业应控制在这方面的服务投入，按照"方便、及时"的原则，为他们提供大众化的基础性服务，或将精力重点放在发掘有潜力的"明日之星"上，使其早日升为 B 类客户甚至 A 类客户。企业营销人员应保持与这些客户的联系，并让他们知道当其需要帮助的时候，企业总会伸出援助之手。

4. 临时客户

临时客户，又称为一次性客户，他们是从常规客户中分化出来的。这些客户可能一年中会向企业进行一两次购买，但他们并不能为企业带来大量的收入。在考虑成本因素的时候，他们甚至可能是企业负利润的提供者。尽管如此，企业没有任何理由得罪任何一位客户，将临时客户维持在必要的满意水平，这是客服人员的基本职责。

任务演练

有一位以加工鸡肉为主的肉类加工企业的经理，最近收到很多客户的来信，有的对企业提供的产品表示基本满意，并说如果以后厂家在加工的时候再多听一下他们的意见就更好了；也有几封来信把厂家的产品贬得一文不值，指责厂家怎么生产出如此糟糕的产品，简直是在浪费资源。

经理看完信后，心里很不是滋味。他很发愁，客户的口味真是难调。他准备召开技术部门和市场营销部门的联合会议，讨论怎样回复这些客户。综合各方面的情况，在众多的来信中，他们归纳出四种类型的客户。

第一类客户是以一家鸡肉罐头厂为代表的企业。他们每年要从公司订购大量的鸡肉，销售额占到 50% 以上。其反映的情况是，产品基本符合他们的要求，希望在加工鸡肉的时候再精细一点，以减少他们的劳动投入。另外，就是在价格上能否给予一定的优惠。

第二类客户是以一家饭店为代表的餐饮企业。他们每年从公司订购的产品占到销售额的 30%。要求产品要进一步加强保鲜，对肉味提出了许多具体的要求。

第三类客户是一些散户。购买不固定，厂家打折的时候购买得多，占到销售额的 15%。他们要求降低价格，对鸡的来源提出了非常明确的要求。

第四类客户是一些非常挑剔的客户。他们偶尔购买，占到销售额的 5% 左右。其对产品极不满意，指责鸡肉不合他们的口味，要求鸡肉加工出来以后，肥瘦要均匀，烹调的时间要短。

根据归纳的客户情况，给这位经理提出一些建议。

任务二　访前准备与约见

学习情境一　访 前 准 备

> 情境导入

某大厦需要几万平方米的地毯，这是一笔价值几十万元的生意，全国几十家地毯厂都盯上了这块肥肉，纷纷派人推销。一位推销员带着礼品去敲顾客的门。出乎意料的是，当一位老者开门看到他手中拿的东西时，就将他拒之门外。推销员百思不得其解。第二天他了解到，这位倔强的老人是一位"老革命"，一身正气，两袖清风，对社会上的不正之风深恶痛绝。他好为人师，常教导青年人"革命的路该怎么走"。在了解到这些情况后，推销员再去拜访顾客时，当然没有忘记应该两手空空。这位推销员见到顾客后说："我是一位刚参加工作的青年人，在工作和生活上遇到许多困难不知该怎么处理，您是老前辈、老革命，有丰富的阅历，今天特来请教您"。一席话令老人十分高兴，忙请推销员坐下，然后讲起了自己当年过五关斩六将、南征北战的光荣历史。老人侃侃而谈，推销员洗耳恭听。"话到投机情便深"，最后两个人成了忘年交，最终的结果自然不言而明。"如能投其所好，你就掌握了他"，对于推销员赢得顾客的好感而言，这是至理名言。

想一想：通过以上案例，进行自我提醒：我准备好了吗？我能够卖给谁？我应该怎么卖？

相关知识

（一）拜访顾客前的充分准备

1. 计划准备——六问自己，做好计划

1）你要问自己想得到的结果是什么。今天你与顾客谈话，准备成交的金额是多少。

2）你要问对方想得到的结果是什么。他最迫切的需求是什么，如果你不知道，就无法成交。只要你让别人知道照你的话做会得到什么结果，别人就会照你的话做，当别人照你的话做之后，你也得到了自己想要的结果，这就是完美的销售。

3）你的底线是什么。如果你想要成交 1 万元，那么你可能给对方提出的要求是 2 万元，因为他会说我少买一点好了。少买一点好吗？只买 1 万元的产品，也就达到你的最低要求了。

4）你要问自己顾客可能会有什么抗拒。

5）你要问自己该如何解除这些抗拒。

6）你要问自己该如何成交。

2. 精神准备

你要告诉自己：我是开发新顾客的专家，我是产品介绍的高手，我可以解除顾客任何的抗拒点，每一个顾客都很乐意购买我的产品，我提供给顾客的是世界上最好的服务，我可以在任何时间销售任何产品给任何人。当你在精神上已经达到100%对产品有信心的时候，才可以做销售，精神上要先赢过对方。拳王阿里说"我是最棒的，于是打倒对方"，没说"我是最棒的，于是被对方打倒"，因为你需要在精神上先赢过对方。

3. 体能准备

你需要进行充分的休息、适当的运动，精力要充沛。因为在推销的时候，是一种能量的比赛。当你比顾客更有能量的时候，他才会买你的产品，当你看起来奄奄一息、萎靡不振的时候，他怎么可能买你的产品？所以一名推销员要有良好的体能、良好的生活习惯。

4. 产品的知识准备

你的产品能提供给顾客哪十大好处？你的产品到底为什么值这个价钱？你的产品最大的卖点是什么？顾客为什么一定要购买你的产品？最大的理由是什么？平时对于公司产品有关的资料、说明书、广告等，均必须努力研讨、熟记，同时要收集竞争对手的广告、宣传资料、说明书等，加以研究、分析，以便做到"知己知彼"，如此才能真正做到百战百胜。

5. 物质准备

1）仪表与服饰。

2）文件资料、样品、价目表、合同、笔、笔记本、便携式电脑等。

（二）有备而来

1. 了解目标顾客的情况

（1）个人或家庭消费者

1）一般内容。如姓名、年龄、性别、民族、宗教信仰、受教育程度、居住地点、联系方式等。

2）家庭情况。如工作单位、职业、职务、收入、价值观念、消费习惯、兴趣爱好等。

3）需求内容。如购买动机，需求的指向和特点，需求的排列顺序；购买能力，购买决策，购买行为在时间、地点、方式上的规律等。

（2）组织购买者

1）基本情况。如法人的全称、简称、地址、电话、传真、邮政编码、交通运输条件；行业性质和生产规模；成立时间、发展经历；组织人事状况；主要领导者情况。

2）生产经营。如产品品种、产量；生产能力、设备状况；产品工艺、生产技术、研发能力；市场销售情况；管理风格与水平；发展、竞争策略。

3）购买特征。如购买决策程序，购买时间、批量及频率，现有进货渠道，购买信用，支付方式，供求双方关系。

2. 拟订推销方案

（1）设定访问对象、见面时间和地点

哪个部门、什么级别；可供选择的若干时间组合；办公室、家里、饭局、宾馆。

（2）选择接近的方式

当面洽谈、电话推销；产品解说、一般性回访等。

（3）商品介绍的内容要点和示范

产品的功能、特点、规格、价格、售后服务等。

（4）异议及其处理

事先设想顾客可能提出的异议，初步拟订处理顾客异议的方法和策略。处理顾客异议的方法如下：直接否定法、间接否定法、转化法、补偿法、不理睬法等。

（5）预测推销中可能出现的问题

例如，有对产品的需求，却拒绝会见来访的推销员；有购买决策权的人，却让无决策权的人与你周旋；不需要产品，却热衷于与你争论；等等。对于种种意外情形，推销员都要有充分的心理准备。

有一种情况是，有时推销员在与准顾客进行面对面的洽谈中，会意外出现第三者。这个第三者的出现很可能会对推销不利，会对产品及价格说三道四，对准顾客的购买决策产生重大的影响。这时，推销员该如何应对？在与顾客洽谈之前，推销员要对现场的情况作出判断，如果发现有第三者搅局，应该避开。

（6）进行购买者等级分类

根据购买者的潜在购买量和购买的可能性程度，将购买者划分成若干等级。这种购买可能性（即概率）的高低取决于多种因素，其中，最主要的是产品的特征及其能够满足购买者消费需求的程度，以及预计购买者对现有产品的满意程度。如果一位顾客的潜在购买量为 20 000 元购买概率为 0.7，那么，他就比另一个潜在购买量为 25 000 元、购买概率为 0.3 的顾客要理想得多。因为 20 000×0.7＝14 000（元）；25 000×0.3＝7500（元）。前者大于后者。

案　例

一名推销员急匆匆地走进一家公司，找到经理室敲门后进去。

推销员："您好，李先生。我叫李明，是美佳公司的推销员。"

曲经理："我姓曲，不姓李。"

推销员："噢，对不起。我没听清楚您的秘书说您姓曲还是姓李。我想向您介绍一下我们公司的彩色复印机……"

曲经理："我们现在还用不着彩色复印机。即使买了，可能一年也用不上几次。"

推销员："是这样……不过，我们还有其他型号的复印机。这是产品介绍资料。（将印刷品放到桌上，然后掏出烟与打火机）您来一支？"

曲经理："我不吸烟，我讨厌烟味，而且我们办公室里禁止吸烟。"

问题：你认为该案例中李明的推销访问成功吗？为什么？

任务演练

在与可口可乐公司的客户共进午餐时，你不能点百事可乐；在会见某烟草公司的客户时，你最后要把办公室中"请勿吸烟"的牌子拿掉；你去会见东方航空公司的经理时，不要乘坐南方航空公司的航班。

有一位推销保险的销售经理去会见一家大航空公司的经理。在行程安排上，他很谨慎地订了这家航空公司的航班。可是就要在登机时，预订的航班临时取消了。为了准时赴约，他匆匆忙忙地登上了另一家航空公司的航班。

当他准时到达那家大航空公司总部办公室时，发现他的客户气得脸色发青。他们并不欣赏这位保险销售经理这种、准时赴约的"行为"。相反，他们说："比起你光顾我们的竞争对手，我们宁愿更改会议日程。"

对此，请谈一谈自己的观点。

学习情境二　约 见 要 素

情境导入

山东省的张勤俭在一次收听广播时，偶然听到用郑州永新花生制成的花生酱上市了。他怦然心动，心想：花生，我们这里有的是。于是，他灵机一动，一口气写了十几封信寄往北京、天津、上海等大中城市副食公司，询问要不要用新收获的花生制成的花生酱。没过多久，他首先收到了天津市河东区副食公司的回函，要求寄上样品。张勤俭立即请专人研磨，制作了一小桶，亲自带往天津。对方见过样品后，当即要求订货50吨。张勤俭成功了，盈利上万元。

想一想：如果你是张勤俭，你如何写这封约见信函？

相关知识

约见顾客，或称商业约会，是指推销员事先征得顾客同意接见的行动过程。

约见实际上既是接近准备的延续，又是接近过程的开始。只有通过约见，推销员才能成功地接近准顾客，顺利开展推销洽谈。通过约见，推销员还可以根据约见的情况进一步进行推销预测，为制订洽谈计划提供依据。

此外，约见还有助于推销员合理地利用时间，提高推销效率。当然，在某些情况下，约见顾客这个环节有时也是可以省略的，这要视具体情况而定。

（一）预约内容

1. 访问对象

在访问准备过程中，推销员应确定明确的访问对象。访问对象一般是具有决策权或能对决策产生重大影响的人。

这里有一个问题，即一般情况下，级别较高的访问对象会配备秘书、接待员等。这时我们的一项重要任务，就是要想尽办法，突破秘书、接待员这一关。

2. 访问事由

必须有充分、明确的访问理由，否则，访问对象会认为你是在浪费他的时间，从而拒绝与你会谈。

访问事由一般包括以下几种：①推销商品；②市场调查；③提供服务；④签订合同；⑤收取货款；⑥走访用户。

3. 访问时间

访问时间的确定，即时机的选择，非常重要，它关系到整个推销工作的成败。访问时间的设计要考虑以下几个方面。

1）访问对象工作、生活的时间规律。

2）访问目的。为签订合同或达成交易的访问，应按成交策略的要求来安排时间，保证时机的选择有利于交易的达成；收取货款，要在了解顾客资金周转的基础上，选择顾客资金账户上有余额时进行访问；市场调查，选择市场行情或顾客需求发生变化时进行访问。

3）要与访问地点相适应。如家里，下班时间；办公室，上班时间。另外，提问的方式很重要，如"王总，您是明天上午有空，还是后天上午有空？"

4. 访问地点

一般情况下，推销对象若为组织，访问地点可以是对方的单位，也可以是推销员安排的其他场所；推销对象若为个人，访问地点可以是对方家里，也可以是推销员所在的公司；饭局、娱乐场所是顾客愿意见面的地方，但成本较高。

（二）预约方法

1. 当面预约

运用场合：不期而遇；某次见面洽谈中，告别时约定下次见面时间。
优点：印象深刻，有利于双方情感的交流。
局限：不是每次都有这样的机会；可能会被当面拒绝，使推销员陷入被动。

2. 电信预约

主要是电话预约。
优点：预约迅速，成本低。
局限：被拒绝的概率较大。
电话预约注意事项如下：

1）顾客还没有听完你的介绍，就说不要并挂断电话。你说要去拜访他，他说没空，让你将资料传真给他，或者把资料放到门卫室去。千万不要将资料传真给他或将资料放到保安室，这样是没用的。可能该顾客今天的心情不好，所以不理你。你可以再次通电话。很多客户都是打了很多次电话才约见成功的。生意的成功，往往在于坚持。

2）无论你的业务技巧多么熟练，打电话之前最好想一想将要讲的内容，不要一拿起电话就聊。因为我们经常会在聊天过程中忘记一些本来要讲的内容，往往刚挂掉电话又想了起来。对于刚刚做业务的朋友，最好用纸写下来，这样会讲得比较有条理。

3）站着打电话比较好，因为人站着的时候注意力比较集中，会比较认真。另外，站着的时候中底气十足，讲话的声音比较好听。无论你刚刚受了多大委屈，打电话时都要带着微笑。这样气氛比较轻松，客户会感觉得到。

4）不要等到有求于客户的时候才打电话。推销员在平时也要经常给他们打电话，或聊天，或问候，直到他一听到声音就知道是你为止。最好能让他惦记着你。

打电话的目的只有一个，就是为了约访，所以，在电话中尽量少介绍产品。

案 例

人物介绍：A 为××公司陈总的秘书；B 为××提神保健绿茶有限公司推销员赵宇；C 为××公司总经理陈飞。

A："喂，您好！这里是××公司陈飞总经理办公室，请问您是哪位？"

B："您好！我叫赵宇，是××提神保健绿茶有限公司的推销员，此次是想向你们的陈总介绍一种绿色提神保健绿茶，已经通过电子邮件与陈总沟通好了，他在回复我的邮件中也表示对此有兴趣，可以麻烦您帮我接通一下陈总的电话吗？"

A："是这样啊，现在陈总正在忙，您稍等。"

B："好的。"

……三分钟后

C："你好！我是陈飞，你找我有什么事？"

B："您好！陈总，我是赵宇，是××提神保健绿茶有限公司的推销员，我准备到您办公室拜访您，向您介绍一种对您身心健康有益的产品，相信这对您来说是很有吸引力的。"

C："对不起！我现在很忙，没有时间！"

B："陈总，您放心，不会耽误您太多时间的，再说对您身体有益，花一点点时间也是值得的吧？"

C："那你现在说一下你介绍的是一种什么样的产品？"

B："我们的产品是一种绿色提神保健茶，我很愿意在电话里把所有的情况都介绍给您，但我还有一些资料，觉得您亲自过目会更好。"

C："很抱歉！我们公司不需要什么提神保健绿茶。"

B："陈总，对于您这么大的公司来说，加班肯定是比较多的吧？"

C："这个倒是，公司业务比较多，加班那是常事。"

B："相信你们在加班到比较晚的时候肯定会很累很疲劳，但是为了完成工作，仍然会坚持，这个时候会喝一些提神的饮料吧？"

C："嗯，我们一般会喝咖啡来提神！"

B："陈总，咖啡用来提神的确很有效，但是您忽略了一点，那就是咖啡里面含有咖啡因，这是一种有瘾又有害于身体的物质，长期喝咖啡，也容易导致失眠，这对您身体是多么大的伤害，身体是革命的本钱，这个道理我相信陈总是一定懂的！"

C："是啊，你说得对，但是没办法啊，咖啡提神！"

B："呵呵，我今天向您介绍的就是这样一种产品，我们新出的提神保健绿茶，既可以提神，又对人身体无伤害。您知道，茶是一种绿色产品，无污染、无副作用。相信陈总对于这个产品肯定是有兴趣的，您看，我什么时候到您那里比较合适？明天上午十点还是后天下午？我会更加具体地向您展示我们的产品。"

C："那就明天上午十点吧。"

B："好的，陈总，那期待明天与您的见面！再见！"

3. 信函预约

遇重大场合可以发请柬。

4. 委托预约

委托预约是指通过第三者引荐。

注意： 由于电话使用已非常普及，人们对其已形成了依赖，不管采用何种预约方法，最好在见面的前一天，用电话再次确认。这既是提高工作效率的需要，也是礼仪的需要。

任务演练

假设你是一名推销保险的业务员，现在要对某家电公司的经理进行约见，对顾客拒绝约见的理由，应如何应对？

任务三　接　近　顾　客

学习情境一　接近顾客前的准备

情境导入

一个铸砂厂的推销人员为了重新打进多年来未曾来往的一家铸铁工厂，多次前往拜访该厂的采购科长，对方始终避而不见。但是这位推销人员紧追不舍，于是那位采购科长给了他五分钟的见面时间，希望推销人员知难而退。推销人员早有把握，一见面就在这位科长面前一声不响地摊开一张报纸，然后从皮包里取出一袋砂，突然倾倒在报纸上，顿时沙尘飞扬，科长连咳几声，喊叫起来："你在干什么？"这时推销员才平静地开口道："这是贵公司目前采用的砂，是上星期我从你们的生产现场向领班取来的样品。"说着他又在地上铺了一张报纸，从皮包里取出一袋砂倒在报纸上，但此时却不见沙尘飞扬。科长有了兴趣，紧接着推销员又取出样品，其性能、硬度和外观均与该厂的砂截然不同，那位采购科长见状惊叹不已。在这场戏剧性的表演中，推销人员成功地开拓了一个大客户。

想一想：结合上述案例谈一谈推销员应采用何种方法接近顾客。

相关知识

"一开口就谈生意的人，是二流推销员。"接近顾客是面谈的前奏，是整个推销过程的重要环节。接近顾客的目的在于，引起顾客的注意，激发顾客的兴趣，营造轻松友好的氛围，使双方顺利地转入洽谈阶段，促成交易。

（一）接近顾客的含义

所谓接近顾客，是指推销员正式接触推销对象的过程。

（二）接近顾客的原则

1. 引起顾客的注意

1）说好第一句话。
① 用简单的话语向顾客介绍产品的使用价值。
② 运用那些恰当的事例引起顾客的兴趣。
③ 帮助顾客解决他的问题。

④ 向顾客提供有价值的资料，并使他接受自己的产品。

⑤ 注意语言的运用。

2）把顾客的利益和问题放在第一位。

3）保持与顾客的目光接触（眼睛看着对方讲话不只是一种礼貌，也是成功的条件，让顾客从你的眼神里感到真诚、尊重和信任）。

4）表现出与众不同。

2. 唤起顾客的兴趣

通过示范，唤起顾客的兴趣。示范是对产品的功能、性质、特点的展示及使用效果的示范表演等，重要的是要让顾客看到购买后所能获得的好处和利益。做示范的注意事项如下：

1）无论哪种产品都要做示范。

2）在使用中做示范。

3）让顾客参与示范。

4）示范过程不要太长。

5）示范要加入感情沟通。

6）帮助顾客从示范中得出正确结论。

7）不要过早地强迫顾客下结论。

3. 激发顾客的购买欲望

1）建立与检查顾客对推销的信任度。

2）强化感情，顾客的购买欲望多来自感情。

3）多方诱导顾客的购买欲望。

4）充分说理。

4. 促使顾客采取购买行动

接近是为正式的面谈做准备。有效的接近不会让顾客觉得唐突，能为顾客顺利接受产品做好铺垫。

这里涉及爱达（AIDA）模式。它也称"爱达"公式，是国际推销专家海因茨·姆·戈德曼总结出的推销模式，是西方推销学中一个重要的公式。AIDA 是四个英文单词的首字母，A 为 attention，即引起注意；I 为 interest，即诱发兴趣；D 为 desire，即刺激欲望；A 为 action，即促成购买。它的具体含义是，一个成功的推销员必须把顾客的注意力吸引或转移到产品上，使顾客对推销员所推销的产品产生兴趣，这样顾客的欲望也就随之产生，尔后再促使其采取购买行为，达成交易。

任务演练

2006 年 12 月 20 日，教育部、国家体育总局和团中央联合发出通知，要求从 2007 年开始，开展全国亿万学生阳光体育运动。通知中提出的口号是"健康第一""达标争优，强健体魄""每天锻炼一小时，健康工作五十年，幸福生活一辈子"。

为落实通知要求，某中学初三（1）班准备召开"走进'阳光'迎接奥运"主题班会，需做好以下工作。

根据下面的要求，为主持人设计一段开场白。

要求：

1）开场白中要有"阳光体育"和"民族素质"这两个词语。

2）开场白中要有与"奥运"相关的内容，如五环旗帜、奥运口号、奥运健儿、奥运吉祥物等（涉及一项内容即可）。

学习情境二　接近顾客方法的选择

情境导入

据说入读哈佛大学要过三关：第一关，学习成绩要达标；第二关，身体素质、道德素质要达标；第三关，也是最难的一关，就是在开学的那一天，学校的教务主任将会拿把椅子坐在校门口，手里端杯茶或者拿张报纸，对想进入校门的新生提出最后一个问题："请在 30 秒内给我一个惊喜！"报到新生如果做不到，即使前两项合格，也将无缘进入哈佛大学。

想一想：上述案例体现了自我推销的重要性，那么接近顾客的方法有哪些呢？

相关知识

（一）介绍接近法

要推销商品，首先要推销自己。如果顾客对推销员没有好感、不信任，那就很难接受推销劝说，更不可能购买产品。

介绍接近法，是指推销员自我介绍或经过第三者介绍而接近推销对象的办法。

1. 自我介绍法

自我介绍法，是指不需要详细作自我介绍，递上名片后作简短介绍。介绍内容包括公司名称、个人姓名、职务。

2. 他人引荐法

他人引荐法的特点是，比较容易受到接见；但有时碍于情面，勉强接待，不一定有购买诚意，只是为了应付。

（二）产品接近法

产品接近法，也叫实物接近法，是指推销员直接利用所推销的产品引起顾客的注意和兴趣，从而顺利进入推销面谈的接近方法。

优点：产品接近法符合顾客认识和购买产品的心理过程。顾客购买商品，关注的毕竟是商品的性能、品质、价格等指标，以及颜色、造型等外观或感性的东西，而不是推销员的说服能力。顾客也喜欢亲自触摸、操作、体验产品。

对产品的要求：推销品必须具有一定的知名度或外在吸引力；能够携带；是有形产品；品质优良，不易损坏；效果明显。

（三）利益接近法

利益接近法是最直接、最有效的接近方法。我们知道，推销员推销的不是产品，也不是产品的质量，而是产品的利益。

（四）好奇接近法或震惊接近法

所谓好奇接近法或震惊接近法，是指推销员利用顾客的好奇心理而接近顾客的方法。因为好奇与探索是人类行为的基本动因之一。满足顾客的好奇心理，或能对顾客产生较大的震撼力。例如，"我这里有一份资料能说明贵公司去年销售额下降20%的原因"。这是成本分析，能满足顾客的好奇心理。

（五）问题接近法

问题接近法，就是推销员通过提问的方式接近顾客。它可以配合好奇接近法、利益接近法使用。

问题的设计要注意以下几点：

1）突出重点，有的放矢。例如，对于求同型顾客，询问关于顾客以往购买产品的特征。

2）生动、数字量化。"在同等运输量的条件下，您希望贵公司明年的运输费用下降15%吗"要比简单地说"节约开支"效果好得多。

（六）表演接近法

所谓表演接近法，是指推销员利用各种戏剧性的表演手法来展示产品的特点，从而引起顾客的注意和兴趣。

（七）其他方法——赞美接近法、馈赠接近法等。

一般来讲，开场白包括以下几个部分：

1）感谢客户接见，并寒暄、赞美。

2）自我介绍或问候。

3）介绍来访的目的（此处要突出客户的价值，吸引对方）。

4）转向探测需求（以问题结束，好让客户开口讲话）。

注意：与客户聊天的时候那些关于技术和理论的话题不需要聊太多，需要的是今天的新闻、天气等话题。因此，推销员在平坦必须多读一些有关经济、销售方面的书籍、杂志，尤其是必须每天阅读报纸，了解国家、社会消息、新闻大事，这往往是最好的话题，这样我们在拜访客户时才不会被认为孤陋寡闻、见识浅薄。

那是一个平静的傍晚，我和男友约好在某百货大厦大门前见面，众所周知，百货大厦的一楼大多是化妆品专柜。我一直不明白为什么化妆品专柜要设置在一层，经历过这件事后，我深深地领会了百货大厦的苦心。

这个世界，如果总能按我们安排的时间、地点、人物，恰到好处地发生我们希望的事情，就不会有意外了。我的意思是，我的男友如果按照我指定的时间准时出现在我指定的地点，这将是一个平凡的傍晚。

我先到，在大门口站着等了大约12秒之后，就开始走到那些化妆品专柜前，当然，我只是看看，以浏览化妆品专柜的产品来打发等候的时光。于是，我看完美宝莲，再看欧莱雅，也看了看露华浓，专柜的小姐都很有耐心地问我：有什么需要帮忙的吗？我可以给你介绍一些新季产品哦。来看看新出的眼影怎样？今季最流行的是……

以我横行街头这些年的经验，对这些友好甚至甜蜜的问候是非常有免疫力的，我不打算买任何腮红、眼影或者护肤品，只是友好地回以一笑，或者闲极无聊地拿各种颜色的眼影在手背上试试。

这时我心情平静地从羽西专柜转向一个新的化妆品专柜，没听说过的品牌，即使现在也叫不出名字。我还没走到该柜台，那位专柜的小姐就远远地用一种仰慕的眼神迎着我，这种眼神不是我自以为是的猜测，因为它已溢于言表："小姐，你的打扮很独特。围巾还有手镯很有味道呢，这件上衣一定很贵吧？你的腿真细……我看你在那边走了很久。"她并没有说她有新季眼影。

然后，她继续说："你不是本地人吧？你是学服装设计的吗？"

"哦，呵呵，不是。"我腼腆地笑笑。"哦，你真会打扮，恰到好处，很适合你。本地人很少有这样打扮的。"她好像忘了她正在推销化妆品的工作，全心全意地赞美我。我只是一个平凡人，面对这些溢美之词，往往乐得有些手足无措，但又不想显得自己那么在意，就随便拿起她柜台上的眼影盒。

"啊！你果然很有品位呀。这是我们刚推出的颜色，今天才第一天上市哦。试试看吧。"我说"好"，正想往手背上涂，她阻止我说："一定要试上妆，才看得出效果的。"我还想推脱，她马上善解人意地冲我笑笑："没关系，反正你也是在等人嘛。"于是，我坐下来。

为了让这个眼影有效果，她要我试试她们新出的无痕粉底，为了让粉底上妆，再顺便试试她们专为夏天设计的控油润肤霜，上好眼影之后，她甚至说："哦，天哪，我想，除了你之外，没有人更适合这个颜色的眼影了。只是脸色不太好。试试这个腮红吧。"于是，上完腮红之后，她又给我试了她们最新的晶莹唇彩还有睫毛膏。

"好棒呀，你果然很适合我们的新季产品。漂亮极了，不买太可惜了。"不难想象，即使这样也打动不了我，对她这样的殷勤甩手而去也实在是铁石心肠的人才做得出来。

如果这一刻我男友来了，厚一厚脸皮我就走了，可他没来。于是，我只好挑了眼影和唇彩请她计价，她一边计一边说："睫毛膏不是很好吗？润肤霜也很适合你的肤质哦。还有腮红，一起买的话可以给你打八折。"

即使打八折，鉴于我兜里的钱不够，我狠狠心摇头。突然，她两眼泛起泪光一样地看着我："马上到八点了，我今天是试用期的最后一天，如果销售额不够的话……就算是帮帮忙吧，我按内部员工价给你打七五折，还可以送你赠品，好不好？"闻者心酸，可是钱不够……

这时候，我男友从门那边冲进来，大喊："找了你半天了。"我还没开口，那位专柜的小姐立马迎着他来一句："这是你男朋友啊？咦？很像周渝民嘛。你们可真般配。"

不用说，最后，我男友拿起账单奔往收银台，临走时不等那位专柜小姐说话，他还扬起手说："下次再来，下次再来。"那天我买了三盒眼影、两盒腮红、一支睫毛膏、一支日霜、一支晚霜、一支眼霜、三支唇彩，还有一管去死皮膏。总计人民币 2633 元。

在该案例中，销售人员用了几种接近顾客的方法，得以让本无心购买商品的顾客买了 2600 多元的化妆品？

职业素质

一只蜘蛛和三个人

一只蜘蛛在断墙处结了网，把家安了下来，但是，它的生活并没有安宁，因为它常常会遭受风雨的袭击。

有一天，大雨来临，它的网又一次遭受劫难。大雨刚过，这只蜘蛛艰难地向墙上支离破碎的网爬去。由于墙壁潮湿，它爬到一定的高度就掉了下来。它一次一次地向上爬，又一次一次地掉下来……

一直在屋里面避雨的三个人看到蜘蛛爬上去又掉下来的情景，开始讨论起来，他们的观点却大不一样。

第一个人看到后，叹了口气，自言自语地说："哎，我的一生不正如这只蜘蛛吗？我们的境况就是这样，虽然一直都在忙忙碌碌，可结果却是一无所得。看来我的命运和这只蜘蛛一样也是无法改变的。"于是，他继续沉迷于颓废之中，日渐消沉。

第二个人在一旁静静地看了一会儿，不屑一顾地说道："这只蜘蛛真愚蠢，为什么不从旁边干燥的地方绕一下爬上去呢？以后我可不能像它那样愚蠢。再遇到棘手的问题，我一定要动脑筋认真思考，不能一味地埋头苦干，尽量寻找解决问题的捷径。"从此，他变得聪明起来了。

第三个人专注地看着屡败屡战的蜘蛛，他的心灵为之深深地震撼了，他在想："一只小小的蜘蛛竟然具有如此执着而顽强的精神，有这样的精神就一定可以取得成功。我真应该向这只蜘蛛学习！"受这只蜘蛛的启发，他从此坚强无比。

启 示 善于发现，善于思考，处处都有成功力量的源泉。其实成功的本质是蕴藏在人的内心的，总想着成功的人，在什么地方都能受到启迪。

项 目 总 结

掌握电话预约被拒的话术,熟练应用"认同+赞美+转移+反问"的技巧。

开场白是为了使气氛融洽,但要抓住拜访目的的本质,不要让闲聊浪费了时间。

接近客户一定不可千篇一律地公式化,必须事先有充分的准备,针对各类型的客户,采取最适合的接近方式及开场白。

练 习 题

一、填空题

1. 寻找顾客是指寻找(　　　　)的准顾客。

2. 准顾客是指对推销人员(　　　　)确实存在需求并且具有(　　　　　)的组织或个人。

3. 寻找准顾客的流程是(　　　　)、(　　　　)、(　　　　)、(　　　　)。

4. 链式引荐法是西方国家推销员经常使用的一种方法,就是推销员在访问现有顾客时,请求为其推荐(　　　　)以建立一种无限扩展式的链条。也就是推销人员(　　　　),特别是(　　　　),来推荐和介绍有可能购买产品的潜在顾客的一种方法。

二、简答题

1. 简述如何对客户进行分类。

2. 拜访顾客前,应做哪些准备?

3. 简述接近顾客的原则。

三、实训题

1. 假如你是办公文具推销员,你的拜访对象是某大型饮料企业的采购经理,请设计一段有吸引力的开场白。

2. 学生分组,每组5～7人。每组设置一个与销售手机完全无关的话题。一人向另一人说一句话,或表述什么,衔接自然、连贯,最后一个人必须回到销售手机的正题上来。看哪组在最短的时间内能做到。

项目三 推 销 洽 谈

学习目标

1. 知识目标

灵活熟练地运用推销与洽谈的方法和技巧。

2. 能力目标

提高在洽谈和推销过程中，捕捉有效信息的能力；掌握推销洽谈的方法和技巧，在实际操作中能够合理、恰当地进行洽谈，成功完成产品推销，促成订单完成。

3. 职业素质目标

学生要养成善于思考的习惯，提升语言表达能力、沟通交流的技巧和反应速度，以及提升营销情商。

任务一 培养亲和力，建立信任

学习情境一 培养亲和力

情境导入

在美国，一个小孩被一根电线电伤了脸部，把左边脸的神经烧坏了，因而引来一场官司。在法庭上，原告辩护律师要小孩把脸转向陪审团笑一笑，结果只有右脸颊会笑，左脸根本笑不起来。因此，只花了12分钟，陪审团一致通过，小孩可获得20万美元的赔偿金。从此，微笑就有了"法定价值"。

想一想：从上述案例不难看出微笑作为亲和力最基本的特征所具有的价值，除了"法定价值"外，还有什么价值？

相关知识

（一）亲和力的概念

亲和力的狭义概念，是指一个人或一个组织在所在群体心目中的亲近感。其广义概念，则是指一个人或一个组织能够对所在群体施加的影响力。

有句话说"力在则聚，力亡则散"，有亲和力的双方就是有共同力量表示的双方，这种友好表示，使得双方合作在一起，有一种合作意识和趋向意识，产生一种合力。有亲和力是促成合作的起因，只有具有了合作意向，才会使双方共同合作。在现代企业竞争中，亲和力的高低决定了谈判和交流的成果，也是衡量一个人职场能力高低的标准。

亲和关系是指在与客户沟通的过程中，推销员从内心到外在传递友善信息给客户，因此客户会产生一种开心、愉悦继而欣赏、信任的心理感受，从而建立起与推销员之间的亲切友好的人际关系。这种培养与客户亲和关系的能力或是这种让人感觉亲切和善的素养就是亲和力。

（二）培养亲和力的方法

亲和关系程式，如图 3-1 所示。

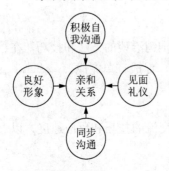

图 3-1　亲和关系程式

对于推销员来说，除了掌握基本的礼仪，展现良好的形象外，还要从沟通语言和技巧入手。具体来讲，有以下几个方面。

1. 语言文字同步

什么叫语言文字同步？一般来说，每个人讲话都会用到一些口头禅或惯用语，这些词语的使用频率特别高。例如，有的客户喜欢使用专业术语，有的客户喜欢将复杂的事情简单化，而有的客户则相反，喜欢将简单的事情复杂化。因此，在进行销售时，推销员要注意锻炼听力，找出客户的常用词汇，然后配合客户的喜好，以达到与客户的语言文字同步。

2. 谈论没有争议的事情

推销员跟客户谈话，应当尽量避免谈论会导致客户产生抗拒的话题，否则就不容易引起客户的共鸣。尽量使用中性词汇，绝对性的词汇容易让人产生逆反心理，因为推进的力量越大，反弹的力量也相应地增大。中性的词汇多指一些没有争议的词汇，更容易让人接受。

3. 真诚的赞扬

一些推销员对称赞的技巧掌握不够，不利于建立亲和力。而一流的推销员身上有一种特性，即对人热诚，乐于助人，愿意付出，因而能够与客户建立真正的亲和力。实际上，付出与回报之间是可以画等号的。如果斤斤计较付出与回报之间的等值，生活就不会轻松。生活并不是简单的加减乘除，对一个人付出，不一定要从这个人身上得到相应的回报，只要一直抱着不断付出累积的态度，自然会得到回报。

4. 多提问，多倾听

推销员要明确一点，就是问和听的部分应当占到沟通总量的 80%，而说的部分只应占到 20%。推销员问得越多，客户回答得就越多，对客户就越有亲和力。

5. 合一架构法则

合一架构法则的运用，可以帮助推销员在谈话过程中不断吸引客户的注意力。合一架构法则的常用句式主要是"我很理解（了解），同时……"例如，"张先生，我很同意您刚才所讲的观点，同时……"

每当客户提出抗拒时，推销员首先要接受，然后提出新的问题，解除该抗拒。

在语言习惯上，业务员应当尽量避免使用"但是""可是"等，而代之以"同时"，以避免引起客户的反感。

同时，要养成好的语言习惯。运用恰当的句式需要形成习惯，从而养成良好的语言习惯。

6. 以问题回答问题

用"问题"回答"问题"，是建立亲和力的基本方法之一，能够解除客户原有的抗拒，并快速建立起彼此之间的亲和力。

如何表述一根棍子很长的状态？

表述一：一根棍子很长。

表述二：一根棍子比较长。

对于销售沟通来说，表述应当尽量不要带有绝对性词语，而采用中性词。因此，表述二是比较恰当的。

任务演练

1. 训练目的与要求

1）考核对亲和力的理解。

2）流利、合理地进行表述。

2. 训练内容与步骤

1）说说生活中给别人留下良好的第一印象的情景，回顾并分析原因。

2）说说生活中给别人留下不良的第一印象的情景，回顾并分析原因。

3. 亲和力测试

对下列每题做"是"或"否"的选择：

1）在匆忙行走的路上，别人向你打招呼"你好啊"，你会停下脚步同他聊聊吗？

2）与朋友交谈时，你是否总是以自己为中心？

3）在聚会中，不到人人疲倦时，你不会告辞。

4）不管别人有没有要求，你都会主动提出建议，告诉他应该怎样去做。

5）你讲的故事或轶事是否总是又长又复杂，需要别人耐心地去听？

6）当他人在融洽地交谈时，你是否会贸然地插话？

7）你是否会经常津津有味地与朋友谈起他们不认识的人？

8）当别人交谈时，你是否会打断他们的谈话内容？

9）你是否觉得自己讲故事给别人听，比别人讲给你听有意思？

10）你是否常提醒朋友要信守诺言，提醒他"你记得否"或"你忘了吗"？

11）你是否坚持要朋友阅读你认为有趣的东西？

12）你在打电话时是否会说个没完，让其他人在一旁等得着急？

13）你是否经常发现朋友的短处，并要求他们去改进？

14）当别人谈到你不喜欢的话题时，你是否就不说话了？

15）对自己种种不如意的事情，你是否总是喜欢找人诉苦？

选"是"记1分，选"否"记0分，统计总分。

如果总分大于5分，说明你在许多方面令人讨厌，在日常交往中要注意改进。

学习情境二　同步沟通

情境导入

一个医药销售代表在接待一位客户的过程中，客户原本要买医生建议的一种药物，价格是一瓶十几元，但是这名医药代表利用专业知识向客户推荐了另外一种功效一样，但是价格才几角钱的药物。这位医药销售代表凭借这次销售成功地获取了客户的信任，客户成了这名销售代表的忠实客户。虽然刚开始他没有在客户身上获得利润，但是在之后持续多次为客户提供服务的过程中，获得了远高于当初卖一瓶药的利润。

可以肯定地说，现在客户买单已经不能作为衡量推销成功与否的唯一标准，而应该把推销人员是否为客户提供了高质量的服务、是否建立起客户信任也同样纳入成功推销的衡量标准。

想一想：要想建立客户信任，拉近与客户的距离，还应重视同步沟通，那么什么是同步沟通呢？

相关知识

（一）同步沟通的意义

"物以类聚，人以群分"，所以"酒逢知己千杯少，话不投机半句多"。

人们因为相似或相同而相互认同，视为同类，引为知己，于是拉近了心里的距离，从而莫名地亲近，达到心灵相通。

（二）同步沟通的内容

因为"亲和力＝共同点"，所以在实践中必须寻找与创造共同点来建设亲和力，包括：①增加与他人的熟悉度；②增加彼此的相似性（如理念、价值观、兴趣、态度、人格、条件、背景）。

同步就是找共同点，在情绪、声音、语言、习惯、价值观、认识及籍贯、方言、爱好等方面与他人保持相同或相似，从而较快地取得相互认同与亲近的关系。同步沟通包括简单同步、情绪同步、语音语调同步、语言同步、价值观同步、共识同步等。

1. 简单同步

简单同步，就是以对方喜欢的心境和肢体语言来表达，用所找到的共同点来寒暄"套磁"，从而达成"八同"——同好、同乡、同（土）话、同校（母校）、同宗（姓）、同亲（戚）、同爱、同龄，这就是所谓"缘故法"。

2. 情绪同步

情绪同步，就是进入对方的内心世界，从对方的感受与角度来认知同一件事情，让对方觉得被关心、了解、理解，于是感受"心有戚戚焉"、感慨"知我者××也"。这种方法也即"神入"或移情。

情绪同步的五步法：同表情→倾听→同心境→同义愤→客观分析与引导。

1）同表情：笑脸对笑脸、激情对激情、苦脸对苦脸。

2）倾听：用心聆听，关注并用肢体语言进行反馈。

3）同心境：设身处地、换位思考、感同身受，"我也……，我非常能够理解你现在的感受，那真是……"

4）同义愤：站在对方的角度，同感慨、同悲痛、同愤慨、同破骂、同指责。

5）客观分析与引导：哭过，骂过，心情平稳些后，就需正面引导，从负面情绪中跳出来。这时就需分析现状，积极解释，将其正面引导到美好未来。"我也……，其实你……"（积极思维，转换思路引导到好的一面，看到未来的美好前景）。

3. 语音语调同步

人类有视觉、听觉、味觉、嗅觉、触觉、直觉等信息知觉方式，其中最重要的是视觉、听觉、感觉。

不同的人，对外界信息的知觉方式各有偏差，各自的敏感度不同，据此可以分为三种类型的人，即视觉型、听觉型、感觉型，他们各有特点。

（1）对这三种类型的判断

1）视觉型。通过眼睛，以画面的方式来处理外界信息，所以处理的信息量大，要求嘴巴急速表达、语不停顿，来不及时则用手势来辅助，所以表现为语速快如"扫机关枪"、一直高八度、手舞足蹈，正如一个"急先锋"。

2）听觉型。通过耳朵，以声音的信息方式来处理外界信息，要处理的信息量不大，所以表达的速度适中，有抑扬顿挫与高低起伏，注重措词造句。他的耳朵很敏感，喜欢听"好听的"，即"好听"。

3）感觉型。凡事通过大脑思考，所以反应速度很慢，要"想一想、停一停、唉、咧……"一句话，需用五倍长的时间。正如一位"慢郎中"，不信看到的，不信听到的，只相信自己分析后感觉到的或实践后感觉到的，"好思"即好思考、好感觉，凡事慢半拍。

（2）三者相处的矛盾

这三类人在一起交往时容易产生沟通的不同步，随之会产生不和谐甚至矛盾。例如，听觉型的新娘与感觉型的新郎，蜜月后第一个周末，双方都很有爱意，新娘在家布置了很浪漫温馨的音乐晚餐，新郎拿了玫瑰花进门就要拥抱，可新娘却期待不到想要的从而愠恼了：你怎么又忘了……？新郎感到很委屈。双方心中产生了一些不和谐。新娘嫌新郎忘了什么？新郎希望新娘做什么？

4. 语言同步

"大老粗"与知识分子在一起不容易沟通，因为习惯用语不同；用语粗俗爽直的工人与用语文雅的教授有距离感，因为觉得不是同类人。不同人有不同的习惯用语，包括口头禅与表象语言。

1）口头禅："随便吧""是啊""那个……"
2）表象语言："……看起来……""……听起来……""……感觉……"

当对方感觉你的语言与他相同或相似时，就会觉得没有心理隔阂，就把你视为同类，把你当成自己人，于是就会对你敞开心扉，如此事情就好办了。

原理：用对方的习惯用语与表象语言，容易进入频道、容易被对方接受，从而能进行有效沟通。

沟通实践中的措施：用客户的习惯用语（口头禅）与表象语言来与他沟通。

5. 价值观同步

谁愿意被人反驳？谁喜欢被人否定？

例如，"你最近非常不错，只是……""很漂亮，但是（或只不过）……"你听后是什么感觉？应该是心理产生反感、危机感，开始自卫，回报以"有话直说，何必拐弯抹角。"

人人都希望被肯定、被赞赏。价值观相同则容易思想达成共识，产生安全感与相互依赖感，拉近心灵上的距离；反之，则心理上会产生反感、危机感，开始自我防卫。所以，在沟通实践中，要想达成亲和关系，须采取认同价值观的方法。

6. 共识同步

原理：对方连续回答"是"，则对最后的要求也容易答"是"。这是一种对潜意识的运用。

◢ 任务演练

相互问答：问对方一个他喜欢，或他的兴趣爱好之类的话题，让他讲给你听，频频向他点头，时时加以赞美。

学习情境三　建　立　信　任

▶ 情境导入

一位推销员走进一家银行的经理办公室推销验钞机。女经理正在埋头写一份资料，从其表情可以看出她的情绪欠佳；从桌上的混乱程度，可以判断女经理忙了很久。推销员想：怎样才能使女经理放下手中的工作，高兴地接受我的推销呢？推销员发现女经理有一头乌黑发亮的长发。于是，推销员赞美道："好漂亮的长发，我做梦都想有一头这样的长发，可惜我的头发又黄又少。"只见女经理疲惫的眼睛一亮，回答说："没有以前好看了。太忙，瞧，乱糟糟的。"推销员马上递过一把梳子，说："我刚洗过的，梳一下头发更漂亮。您太累了，应当休息一下。"这时女经理才回过神来，问道："你是……"推销员马上说明来意，女经理很有兴趣地听完介绍，很快便决定买几台验钞机。

想一想：推销员通过"赞美"获得了女经理的信任，这不失为一种很好的谈判策略，你还知道哪些建立客户信任的方法？

相关知识

（一）为何要与客户建立信任

据统计，过半数的销售失败源于客户对自己的不信任，如图3-2所示。

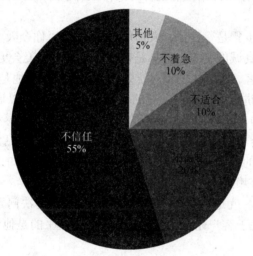

图3-2 销售失败原因比例

建立信任是实现成交的前提，如图3-3所示。

（二）如何与客户建立信任关系

信任关系的两大基础是能力和品格。能力就像我们在海面上看到的冰山，而品格像隐藏在海面之下的冰山的其他部分。这两部分构成了一个人的魅力。我们也可以从外在和内在对一个人的魅力进行评价。外在即个人形象和行为礼仪，内在则包含人际关系、处事态度、专业能力、沟通技巧等内容。

图3-3 建立信任是实现成交
的前提

我们要获得顾客的信赖感，首先要发挥自己的魅力，给客户留下良好的第一印象。通常一个人在不了解一本书之前，他都是看书的封面来判断书的好坏。一个人在不了解另一个人之前，一般看他的穿着。所以，穿着对一位推销员来讲是非常重要的。

记住，永远要为成功而穿着，为胜利而打扮。有了良好的仪表，就要配上良好的仪容，微笑是全世界通用的语言。我们在前面的案例中看到了微笑的法定价值，也了解了微笑在人心中具有不可估量的价值，所以请尽可能主动微笑。

在推销过程中，推销员应该至少花一半的时间用来建立信赖感，而信赖感的第一个步骤就是倾听。很多推销员认为，顶尖推销员（top-sales）就是很会说话，其实真正的顶尖推销员是很少讲话的，而是坐在那里仔细地听。要成为一个很好的倾听者，必须做到以下几点。

1）你必须会问问题。顶尖的销售人员在一开始就会不断地发问，"你有哪些兴趣？"或是"你为什么购买你现在的车子？""你为什么从事目前的工作？"打开话题，让顾客开始讲话。每一个人都需要被了解，需要被认同，然而被认同的最好方式就是有人仔细地听自己讲话。因为在现代的生活中，很少有人愿意听别人讲话，大家都急于发表自己的意见。所以，假设你一开始就能把听的工作做得很好，那么你与客户的信赖感便已经开始建立了。

2）增加信赖感的步骤是赞美他、表扬他。例如说："你今天看起来真是美极了，帅呆了！"而且是要出自真诚的赞美，而不是敷衍。记住，赞美会更容易建立信赖感。

3）不断地认同顾客。顾客讲的不一定是对的，可是只要他是对的，你就要认同他。

4）我们知道，人讲话有快有慢，有的人讲话比较快，所以通常其喜欢沟通的顾客是讲话速度也比较快的，而对讲话比较慢的顾客就会失去信赖感和影响力。所以，推销员在推销的时候，要会不断地调整自己讲话的速度，与对方说话的速度达到协调。

5）具备关于产品的专业知识。假如你不具备完整的产品知识，顾客一问三不知，这样容易让顾客失去信赖感。

6）最重要的一点，就是站在客户的角度真心为他们解决问题。有些推销员之所以不被客户信任，问题在于客户先入为主地认为推销员在乎的是他们的钱。

案　例

举例一：您好！我是来自 A 公司的 B，最近怎么样？我想向您推荐一下我公司最新研发的产品，这款产品能够提高生产效率，周一下午我会在贵公司附近，请问下午 2～4 点能不能过来和您谈一谈？（重点是推销产品而不是为客户解决问题）

举例二：您好！我是来自 A 公司的 B，我了解到由于原材料的涨价，贵公司正面临严峻的考验。今天我的目的是想和您探讨一下我们有没有什么办法提高贵公司的生产率，并降低成本，请问您有时间吗？（强烈的商业理由，为客户解决问题而来）

任务演练

某上市公司推销员小刘，出差去山东莱州拜访客户（采购员）王工。下午三点半，小刘与客户在办公室见面，并介绍了公司的基本情况，相互作了介绍。双方正在沟通时，客户王工有一个临时会议，只好中断，并表示下次有机会再沟通。于是，小刘先告辞了。临下班时，小刘给王工打电话约晚上一起吃饭，王工也答应了。到了晚饭时间……

场景一：

　　小刘：王工，你好！非常高兴您能赏脸，请上座！

　　王工：今天下午实在太忙了，不好意思呀！

　　小刘：今天下午在贵公司时，您太忙了，没说几句话，你就去开会了，我主要想了解一下贵公司的基本情况，看我们有什么可以帮到你的吗？

　　王工：你主要想了解哪些方面？

　　小刘：我想知道技术部门的联系人及联系方式，可能有些技术问题需要和技术人员沟通。

　　王工：有适当的机会我会给你引荐。

　　小刘：那就麻烦王工了，还有我想了解一下金刚石砂轮贵公司有没有应用，是什么品牌的，效果怎样。

　　王工：很少用，也是国内产品，效果还可以。

　　小刘：我希望能够帮你们解决问题，我们也是上市公司，实力雄厚！

　　王工：这个我知道，以后会有机会的。

场景二：

　　小刘：王工，您好！非常高兴与您一起共进晚餐，请上座！

　　王工：客气了！今天下午实在太忙了，不好意思！

　　小刘：看您今天工作实在太忙，一定很累了，我们就不要谈工作了，轻松地吃顿饭吧，聊聊天！（站在客户立场）

　　王工：是呀，今天确实有些累，你是第一次来莱州吗？

　　小刘：这是第二次，不过早就听闻莱州经济很发达。天安门的石材就是莱州的，除此之外还有海鲜，同时莱州也是中国北方最大的石材基地，真的不简单呀！

　　王工：你说对了，但不够全面，让我给你介绍一下莱州……（闲谈）

　　闲谈之后……

　　王工：我希望多了解一下贵公司的情况和产品优势。

　　小刘介绍了公司及产品等情况。

　　王工：我们可以尝试合作，我会给你找机会，但我希望贵公司能够有一定的竞争力，特别是在服务方面，这一点，我们很重视。

　　比较分析小刘在哪个场景中更有可能拿到订单，并说明理由。

任务二　找出问题，了解需求

学习情境一　探寻顾客需求

 情境导入

　　有一次，美国思想家爱默生和他的儿子欲将牛牵回牛棚，但两人一前一后使尽所有

力气，牛依然死活不肯进去。家中女佣见他们满头大汗，徒劳无功，于是便上前帮忙。她仅拿了一些草让牛悠闲地嚼食，并一路喂它，很顺利地将牛引进了牛棚，他们两人在一旁看得目瞪口呆。

钓鱼时用的鱼饵，不是你所喜欢吃的东西，而是鱼最喜欢吃的食物。只有"投其所好"，才能把事办好，才能完成任务。

想一想：在与客户交谈和沟通时，如何做到"投其所好"？

相关知识

探寻客户的需求包括以下几个方面。

（一）对客户需求的理解

客户之所以购买你的产品，绝大部分情况下是由于客户对你的产品确实有需求，只有其本身有这种需求才会购买。所以，一定要在完整、清楚地了解了客户的明确需求之后，再开始推荐你的产品，这里面有三个非常关键的地方需要注意。

1. 对客户的需求有完整的了解

要对客户的需求有完整的了解。完整，是指你应该清楚客户的需求有哪些，这些需求中哪个是最重要的。

实际上，没有一家公司的产品能够完全满足客户的需求。所以，客户在购买产品的时候，如果你不知道客户的需求中哪一种对他是最重要的，就不能很好地引导客户选择你的产品。

2. 对客户的需求有清楚的了解

要对客户的需求有清楚的了解。清楚的概念，就是你不仅要知道客户的需求有哪些，还要知道客户为什么会产生这种需求，他想解决什么问题。如果把客户的需求作为一种冰山模型来看，客户表达的需求是"冰山"的表面，而它没于水面的部分是看不到的。如果不主动地去挖掘，你就不知道客户为什么会产生这种需求，他的驱动力究竟在哪里。因此，你一定要想尽办法把他的内在驱动力挖掘出来。

3. 一定要明确客户的全部需求

只有当客户表达了明确的需求以后，才能推荐给他最合适的产品。如果客户没有表达产品需求，你可以为其介绍产品，这是必要的，因为你把产品信息传达到客户那里，可能就是客户的潜在需求。

（二）潜在的需求和明确的需求

1. 潜在的需求的含义

明确与潜在是互相对应的，与明确的需求相对应的就是潜在的需求。潜在的需求和明确的需求的概念是有差别的,潜在的需求是指客户目前所面临的问题、困难以及不满。例如,对于笔记本电脑,现在感觉速度有点儿慢,这就是目前所面临的一个问题,可能成为将来的需求。

2. 明确的需求的含义

明确的需求,是指明确表达解决现在问题的一种主观愿望。例如,客户说:"我觉得现在销售人员的沟通能力不是很强,很有必要提高他们的沟通能力。"这时客户已表达了一种明确的需求。对于潜在的需求和明确的需求一定要区分清楚,这一点很重要。研究表明,在一些较大的相对比较复杂的产品中,明确的需求会起到关键作用。

(三)引导客户的需求

如果你很口渴,一瓶水的价值对你来说是相当大的。在付出很大的代价才能买一瓶水时,会让你犹豫,但是当你感到不喝水就会死去时,就会不惜任何代价地买水喝。所以,在电话中,先了解客户的潜在需求,然后逐步引导客户,让他表达一种明确的需求,这时再去介绍产品,客户接受的可能性就较大。

(四)探询客户需求的关键是提出高水平的问题

除非提出高水平的问题,否则你不可能知道客户的需求。开场白结束后,要提出高水平的问题,来引导客户谈他自己的想法。

 **任务演练**

假如你是销售培训人员,现在打电话给对方的销售经理,通话时说:"可否请教您几个问题,您平时进行电话销售时是怎么做的?进行电话销售培训时又是怎么做的呢?"这时他有可能会告诉你,他平时的电话销售的具体操作办法,其对目前的电话销售人员培训在平时是怎么做的。从正常情况来讲,不要直接切入你的培训,因为你是做销售培训的。

请回答以下三个问题:

1)接下来你认为应该提问什么问题?

2)为什么要提这个问题?

3)如果你要了解对方的潜在需求,接下来还需要提问什么问题?

学习情境二 剖析问题源头

情境导入

西方民谣——马蹄钉的故事

缺了一颗钉子,丢掉了一个马蹄。

缺了一个马蹄,缺少了一匹战马。

缺了一匹战马,少了一名骑手。

　　　　　　　　　　缺了一名骑兵，结果输了那场战役。

　　　　　　　　　　输了一次战役，最后灭亡了一个国家。

　　想一想：上述民谣体现了剖析问题源头的过程，不失为一则经典案例。那么，推销员在推销过程中应如何进行提问以了解顾客需求呢？

相关知识

（一）通过提问，了解顾客的需求

　　一个人现在有什么问题，决定了他以后有什么需求，问题是需求的前身，找到顾客的问题才能刺激其需求。问题决定了需求。要卖给顾客东西，不要找需求，要先找问题，找出顾客现在所存在的问题，所以你所销售的不是产品，而是某一个问题的解答方案，你是在帮顾客解决问题。找出顾客的问题，然后去扩大这个问题，让顾客想到这个问题的严重性之后，他就会产生需求，问题越大，需求就越高。

（二）通过发问技巧，找出顾客的问题、需求与渴望

　　发问的目的在于，引导客户的思维往你期望的方向发展。

> ### 案　例
>
> 　　电话销售员："您好，王女士，我是××物业管理公司的，打扰您一下，不知您是否注意到最近的新闻，以及小区告示？"
>
> 　　王女士："注意到了，最近很多小区都发生了入室盗窃的现象，怪吓人的。你们社区管理部门，一定要将治安搞好，否则会很麻烦的。"
>
> 　　电话销售员："是的，这块我们一定会做好的，但也需要你们的配合。"
>
> 　　王女士："我怎么配合呢？"
>
> 　　电话销售员："很简单，小偷入室盗窃，主要是通过撬锁进入室内，您要检查一下家里锁的质量是否过硬，是否有报警功能。"
>
> 　　王女士："这个我怎么清楚，都是装修公司采购的，也不知道质量究竟怎么样。"
>
> 　　电话销售员："这样吧，您确定个时间，我们帮你联系一家专业检测公司和报警器安装公司，到您家去看看，怎么样？"
>
> 　　王女士："可以，那太感谢你了，明天下午怎么样？"

　　推销员可以在开始时就提出一连串的问题，使得客户无法回避。例如，一位推销员总是从容不迫、心平气和地向客户提出如下问题："您作为公司的领导者，我相信您对公司的业绩问题一定非常关注，是吗？""如果我告诉您，贵公司明年可能会节省 20%的开支，您一定有兴趣，对吗？""如果有一种方法可以在您现在的基础上每天节约两个小时的时间，您一定想知道，对吗？"这位推销员一连串的提问简单明了，使客户几乎找不到说"不"的机会。

任务演练

学生 2 人为一组，模拟电话销售防盗门的情境。

学习情境三　解决问题的根本

情境导入

病人：医生，我咳嗽。

医生：咳了多久了？有没有痰？痰多不多？

病人：咳了有大半个月了，开始没痰，后来痰越来越多了。

医生：怎么不早点来治疗呢？情况有点严重，有可能是引发了肺炎，先去做胸透。

病人：胸透做完了。

医生：哦！肺部基本没问题，那就是支气管炎了。

病人：支气管炎问题严不严重？

医生：这个呀可大可小。你现在是急性支气管炎，但如果不加强治疗，变成慢性支气管炎就不好治了。慢性支气管炎很麻烦的，稍微进行体力活动就会剧烈咳嗽，平常也会经常咳嗽，会严重影响形象。你还没结婚吧，这个形象问题很重要。

病人：那要怎样治疗才能确保不会得慢性支气管炎呢？

医生：这样吧，我先给你开两个疗程的药，一共 300 元。

病人：这么贵呀？

医生：贵？你可以不治啊！越拖越严重，拖到后面就不是 300 元、500 元的问题了，可能是 3000 元、5000 元的问题。你治不治啊？

病人：治吧。

医生：吃完这两个疗程再来，一般要四个疗程才会好。

病人：啊？

想一想：解决问题要注意抓根本，了解问题的根本有哪些方法呢？

相关知识

（一）SPIN 进阶询问法

问题之所以成为问题，多半是因为人们没有理清头绪，只是被表面混乱的现象所蒙蔽，因而觉得无力去解决困难。但是如果我们能站在客户的立场上，帮客户理清头绪，明确需求，问题就可以迎刃而解。怎样才能有条理地询问，并且将问题理清呢？

1）有关现状的提问（situation questions）。了解有关客户现状、与你销售相关的背景信息。

2）有关问题的提问（problem questions）。发现和理解客户的问题、困难和不满。

3）有关影响的提问（implication questions）。发掘问题不解决将给客户带来的不利后果。

4）有关需求与回报的提问（need-payoff questions）。取得客户对于解决问题后的回报与效益的看法，将讨论推进到行动和承诺阶段。

> **案 例**
>
> 卖方：您现在的复印机用着如何？有什么不满意的地方？
>
> 买方：没什么不满意，用得挺好。
>
> 卖方：影印效果是不是令人满意呢？
>
> 买方：就是有时复印图像是黑黑的。
>
> 卖方：你们经常复印有图像的文件吗？
>
> 买方：是的，尤其是在投标中，70%的文件都有图像。
>
> 卖方：用这些黑黑的图像会对你们的投标产生什么影响吗？
>
> 买方：当然，这种复印质量会影响我们中标的。
>
> 卖方：如果单单因为图像质量差而失了标，您觉得这意味着什么？
>
> 买方：我们从来不敢去这样想。
>
> 卖方：您现在有什么办法来解决这个问题吗？
>
> 买方：关键的投标我们都拿到外面去复印。
>
> 卖方：那这样做在时间上来得及吗？
>
> 买方：一般还可以。
>
> 卖方：如果遇到了临时有大的改动怎么办？
>
> 买方：这是我最头疼的问题了！您知道在投标项目中，这是最常见的事了。

（二）SPIN 销售的四类问题

1. 背景性问题

1）马上就到年底了，咱们公司是否有这方面的计划呢？

2）咱们公司中的高层管理者有多少人？

3）咱们对员工培训重视吗？

4）您是不是很注重学习？平时看什么书？

5）咱们今年主要做的是哪些方面？明年有何打算？

2. 难点性问题

1）公司的绩效管理能做得很合理吗？

2）贵公司的部门与部门之间是否能够协调合作？

3）公司的整体销售水平怎么样？

4）中层管理者的管理技能怎么样？

5）公司员工能否积极主动地参加培训？

3. 暗示性问题

1）学习是推动企业发展的一个很重要的因素，您是这么认为的吗？

2）我已经开始全力以赴地为您服务了，您认为我们距离合作还有多远？

3）您的员工是不是也很希望不断学习和提升自己呢？

4）这些问题会对贵公司的发展产生哪些影响？

5）这些问题的存在会不会影响到您公司的效率？

4. 需求效益性问题

1）说实话，您是一位思想非常超前的企业家，您看选择哪类方案？

2）您看世界500强企业都接受过的培训，贵公司引入会有什么好处？

3）您觉得探索经验困难还是学习经验困难？

4）您看现在已经是年底了，贵公司的业务情况怎么样啊？

5）为什么会选择我们这个品牌呢？

任务演练

假如你是一家手机专卖店的销售员，这家公司在市内有30多家专卖店和服务点。你们主要销售"菲尔斯"牌的手机，属于高档手机，价格相对较高，一般市场价在3500元。这种手机具备以下特点：

1）待机时间长（两周）。

2）电话号码存储量大（500个）。

3）拍照功能/彩信。

4）90秒录音功能。

现有一名从事销售业务的IT人士，他现在用的是一部老款的手机（已经使用两年），可以待机24小时，存50个电话号码，无彩信和录音功能。目前想换但也不着急换，他已经去过几家手机销售店，初步看上一款"摩尔"品牌的新型手机，价格比"菲尔斯"便宜300多元，但待机时间（两天）和号码容量（100个）都没有"菲尔斯"好，没有录音功能。

假设客户进了你所在的这家专卖店，请设计一个面对面的销售流程。

任务三 介绍产品，进行说服

学习情境一 推销语言的魅力

情境导入

在第二次世界大战中，美国政府出面为军人举办保险业务；一个军人只要每月付出6~7美元的保险费，即可从政府方面获得金额达1万美元的人寿保险。如果这个军人战死，这1万美元将支付给他的受益者。这对军人来说，应该是一笔不错的交易。与任何事情一样，好的交易也需要推销。

在某连队，年轻的中尉让全连战士集合。他首先向士兵们详细地解释了这一计划，然后拿出投保申请书，让其自愿签名。不料，没有一个人愿意投保。

中尉感到有点窘迫。这时，一位老中士自告奋勇地要求解释自己对这个保险计划的理解，也就是想为中尉解围。

老中士来到队伍前面，用质朴的话语阐述了他的理解。他说："我所理解的保险计划是这么一回事。我们将被派往海外去打仗，如果我们买了保险，一旦战死，政府将向我们的家属赔偿1万美元；如果不买保险，一旦战死，政府将不会为我们的家属支付赔偿金。请问大家，政府将会派哪种人去打头阵？是派战死了赔偿1万元的战士，还是派死了白死的战士呢？"

话音未落，全连战士纷纷表示愿意投保。

想一想：了解了客户的明确需求，知道这些需求中哪些对客户是最重要的，而且知道客户具体的需求有哪些，并且已经得到客户的认同，那么接下来就要进入下一个环节——针对客户的需求来推荐自己的产品。这个环节需要注意哪些问题呢？

相关知识

"买卖不成话不到，话语一到卖三俏"，由此可见销售语言的重要性。推销员要想让产品介绍富有诱人的魅力，以激发顾客的兴趣，刺激其购买欲望，就要讲究语言的艺术。向客户展示你的语言魅力，要注意以下几点。

（一）不能用顾客听不懂的语言推销

通俗易懂的语言最容易被大众所接受。所以，在语言使用上要多用通俗化的语句，要让客户听得懂。推销员对产品和交易条件的介绍必须简单明了，表达方式必须直截了当。表达不清楚，语言不明白，就可能会产生沟通障碍，就会影响成交。此外，推销员还应该使用每个顾客所特有的语言和交谈方式。

案 例

某公司刚搬到一个新的办公区，需要安装一个能够体现公司特色的邮件箱，于是工作人员A便咨询了一家公司。接电话的销售人员B听了A的要求，便坚持认定A要的是他们公司的CSI邮箱。

A问B这个CSI是金属的还是塑料的，是圆形的还是方形的。B对于这样的疑问感到很不解。他说："如果你们想用金属的，那就用FDX吧，每一个FDX可以配上两个NCO。"

CSI、FDX、NCO这几个字母搞得A一头雾水，只好无奈地对他说："再见，有机会再联系吧！"

所以，一名推销员首先要做的就是要用客户明白的语言来介绍自己的产品。

（二）用讲故事的方式来介绍

大家都喜欢听故事，所以如果用讲故事的方法来介绍自己的产品，就能够收到很好的效果。

有顾客对海尔的推销员说："你们的质量有保障吗？"这位推销员倒没有说那么多，只是给顾客讲起海尔总裁张瑞敏上任时砸冰箱的故事，一个故事使消费者立马对于海尔冰箱的质量不再有疑虑了。

任何产品都有自己有趣的话题，如它的发明、生产过程、产品带给顾客的好处等。推销员可以挑选生动、有趣的部分，把它们串成一个动人的故事，作为销售的有效方法。所以，销售大师保罗·梅耶说："用这种方法，你就能迎合顾客、吸引顾客的注意，使顾客产生信心和兴趣，进而毫无困难地达到销售的目的。"

（三）用形象的描绘来打动顾客

打动客户的最有效办法，就是要用形象的描绘。

一对夫妇去逛商场，一位服装店主对太太说了一句话，使本来没有购买欲望的她毫不犹豫地掏出了钱包。这位推销员对太太说的什么话竟有如此魔力？很简单，那句话是："穿上这件衣服可以成全你的美丽。"

"成全你的美丽"，一句话就使太太动心了。这位女推销员很会说话，很会做生意。在顾客心中，不是顾客在照顾她的生意，而是她在成全顾客的美丽。虽然这话也是赞誉之词，但听起来效果就完全不一样了。

（四）用幽默的语言来讲解

每一个人都喜欢和幽默风趣的人打交道，而不愿和一个死气沉沉的人待在一起，所以幽默的推销员更容易得到大家的认可。

A 和 B 是两家保险公司的业务员。当顾客对保险公司的办事效率持怀疑态度时，A 业务员说他的保险公司十有八九是在意外发生的当天就把支票送到投保人的手中。而 B 公司的业务员却说："那算什么！我的一位客户不小心从楼上摔下来，还没有落地的时候，我已经把赔付的支票交到了他的手上。最后顾客选择哪一家保险公司应该很清楚了。

可以说幽默是销售成功的金钥匙，它具有很强的感染力和吸引力，能迅速打开顾客的心灵之门，让顾客在会心一笑后，对你、对商品或服务产生好感，从而诱发购买动机，促成交易的迅速达成。所以，一个具有语言魅力的人对于客户的吸引力是无法想象的。

一名出色的推销员，是一个懂得如何把语言的艺术融入商品销售中的人。可以这样说，一名成功的推销员要培养自己的语言魅力。有了语言魅力，就有了成功的可能。

任务演练

学生 2 人为一组，用讲故事的方式介绍自己的产品，并互相进行评价。

学习情境二 给顾客明确的指令

情境导入

一位顾客等飞机的时候无意间走进一家卖西服的服装店，一名女主推销员看到顾客走进来之后，问的第一个问题是："先生你要穿休闲的，还是正式的西服款式？"

顾客："看看。"

推销员："先生随便看。我看您都在看正式的西服，您喜欢黑色、蓝色，还是灰色？"

顾客没回答，只说："看看。"

推销员："先生随便看。我看您都在看蓝色的西服，请问一下先生喜欢双排扣还是单排扣？我替您拿来试一试。"

顾客："看看。"

推销员接着说："先生您是做什么行业的？"

顾客："我是职业培训师。"

推销员："先生，难怪您都在看蓝色的西服，特别有眼光，权威人士、专业人士最适合穿蓝色西服。这样先生，我们有一套特别适合您，是两粒扣子的，尺码非常适合您，但不知道还有没有，我去找一下。"她在进去的时候，回头说："先生，我忘了问您穿几码的？"

顾客："48码。"

推销员："哦。"……

推销员："48码找到了！您在试衣间试穿一下，裁缝师来了，等一下我们让裁缝师去整理一下。"

推销员："先生，试好了没有？快出来。"

推销员：（顾客穿着西服出来以后）"先生，站好我帮你量一下裤长。到鞋跟，可以吗？"

顾客："哦。"

推销员马上拿粉笔在鞋跟上面的西裤上面画了一道："先生，袖长我量一下，到这边可以吗？"

顾客："哦。"

推销员："腰围这样可以吗？您站直。"

顾客："哦。"

推销员："这样可以吗？

顾客："可以。"

推销员："肩膀这样可以吗？"

顾客："可以。"

推销员："先生，快去那边换下来吧，裁缝师等您了。"

顾客："多少钱？"

推销员："4800元。"

顾客："便宜一点吧。"

推销员："4800元不能便宜了，除非您有会员卡。"

顾客："会员卡我没有，你让我用用别的会员卡，你帮我借一张行吗？"

推销员："实在不行。"

顾客："帮我借一张嘛。"

推销员："先生，下次来您要再买一些产品。"

顾客："好。你放心。"

推销员："好，先生，我帮您打个折，一共3000多元。先生，裁缝来了，你快去款台付款吧。"

顾客付款回来后，裁缝拿到缴款凭证才开始剪裁。一切动作都是那样自然、顺理成章,当顾客拿着西服走的时候,女推销员说:"先生,您要不要再看下休闲装?"

顾客:"不用了,我走了。"

其实顾客走了之后,很奇怪自己怎么花 3000 多元买了套西服。

想一想:如何给顾客明确的指令?

相关知识

如何给顾客明确的指令?

(一)给顾客出单选题

推销人员需要通过与顾客沟通来了解顾客心理,以便达成交易。但在沟通中,尤其是提问式沟通,要保证问题的答案是固定的两项或几项,不要问开放式的问题。

(二)帮顾客作出决定

任何异议处理都是指向成交的。在这过程中就要主导你的客户。例如,顾客在衣服的颜色上举棋不定的时候,就告诉他哪种颜色适合他,穿起来显得有气质、年轻,替他作出决定。

(三)制造紧迫感和危机感

运用热销手段,来给顾客制造紧迫感和危机感,如"这件商品马上就下架了""这件商品只有这一个型号了""很多顾客跟您一样都看上这款了"等。

(四)赞美你的顾客

通过抬高顾客的身价来抬高自己的产品,如"您这么有气质,穿上这件衣服之后更显得美丽大方"。

任务演练

讨论:在情境导入所示案例中,推销员是什么样的心理状态?顾客是什么样的心理状态?女推销员促成这一单的关键在哪里?

学习情境三 产品介绍

情境导入

客户经理通过对目标客户的筛选,初步确定选择一家大型百货批发公司作为突破口。从店面观察,该批发公司工作人员较多,业务十分繁忙,员工不停地使用固定电话处理业务。

选定目标客户后,客户经理向员工表明身份及来意,通过员工的介绍,见到了公司的老板,老板是一个精明能干的中年妇女。

客户经理马上上前向她打招呼,并作了自我介绍。

客户经理："贵公司规模很大啊，您要管理这么多员工，一定也挺忙的吧。"

客户冷漠地回答："你是来推销业务的吧？"

客户经理："我不是来推销业务的，我是来做电信服务的。主要是感到贵公司的员工工作好像忙不过来，不断地打电话、接电话，我觉得贵公司的业务应该十分红火吧。我们可以给您提供一些帮助，让贵公司降低通信支出成本。"

客户上下打量了客户经理一番："真的能帮我降低成本吗？那到我办公室详谈吧。"

到了办公室，客户经理拿出早已准备好的宣传页、计算器，询问了公司的通信消费情况。接着客户叫秘书拿来一份详细的话费清单，清单上显示公司装有电信电话 21 部、ADSL 四条，月消费近 4000 元。于是，客户经理针对每部电话的消费情况，重点推介通信版 119 和 169 的套餐。

客户经理："简单来说，我们的套餐可以提供高质量的通信平台，它特别适合一些通信量比较大的客户，您使用了之后可以大大地降低通信成本，提高工作效率和利润。许多大型的企业都在使用这种套餐。"然后，他马上计算出套餐能给客户每月节省的通信成本，加上赠送手机及加油卡的优惠，客户显得有点心动。

此时，客户经理又向客户详细介绍电信优质服务及产品质量，经过近两个小时的洽谈，最终客户同意签约。

想一想：成功的推销，成功的产品介绍必不可少。FAB 法就是进行产品介绍的一种不错的方法，它包括哪些内容呢？

相关知识

FAB 是三个英文单词开头字母的组合，F 是指特性（feature），即产品的固有属性；A 是指优点（advantage），即由产品特性所带来的产品优势；B 是指好处（benefit），即顾客通过使用产品所得到的好处，这些好处源自产品的特性和优点。

FAB 法，就是这样将一个产品分别从上述三个层次加以分析、记录，并整理成产品销售的诉求点，对顾客进行说服，促进成交。它是推销员向顾客分析产品利益的好方法但需要注意的是，了解顾客本身所关心的利益点，然后投其所好，使我们诉求的利益与客户所需要的利益相吻合，这样才能发挥效果。切不可生搬硬套，不加以分析就进行说服。FAB 法则例表，如表 3-1 所示。

表 3-1 FAB 法则例表

产品所在公司	产品	F	A	B
家具公司	真皮沙发	真皮	柔软	感觉舒服
汽车公司	配有 12 缸发动机的汽车	12 缸的发动机	0~100 公里，加速时间为 12 秒	省时

谈到 FAB，销售领域内还有一个著名的故事——猫和鱼的故事（图 3-4～图 3-7）。

一只猫非常饿，想大吃一顿。这时销售员推过来一摞钱，但是这只猫没有任何反应——这一摞钱只是一个属性（feature），如图 3-4 所示。

图 3-4　体现 F 的画面

猫躺在地下非常饿，销售员过来说："猫先生，我这儿有一摞钱，可以买很多鱼。"买鱼就是这些钱的作用（advantage）。但是猫仍然没有反应，如图 3-5 所示。

图 3-5　体现 A 的画面

猫非常饿，想大吃一顿。销售员过来说："猫先生请看，我这儿有一摞钱，能买很多鱼，很多猫都喜欢吃的，你就可以大吃一顿了。"话刚说完，这只猫就飞快地扑向了这摞钱——这个时候就是一个完整的 FAB 的顺序，如图 3-6 所示。

图 3-6　体现 FAB 完整顺序的画面

猫吃饱喝足了，需求也就变了——它不想再吃东西了，而是想见它的女朋友，如图 3-7 所示。这时销售员说："猫先生，我这儿有一摞钱。"猫肯定没有反应。销售员又说："这些钱能买很多鱼，你可以大吃一顿。"但是猫仍然没有反应。原因很简单，那就是它的需求变了。

图 3-7　需求改变的画面

上面这四张图很好地阐释了 FAB 法则：推销员在推荐产品的时候，只有按 FAB 的顺序介绍产品，才能有效地打动客户。

推销最大的秘诀就是，推销员推销的不是产品，而是产品给顾客带来的利益。

对于衣服，推销员推销的不是衣服，而是"流行、时髦、吸引力、风度、潇洒、设计"。

对于家具，推销员推销的不是家具，而是"舒适、整洁、典雅、家庭享乐"。

对于地毯，推销员推销的不是地毯，而是"舒适、温馨、高贵、地位"。

对于生产工具，推销员推销的不是工具，而是"产量、效率、质量、利润"。

对于胶卷，推销员推销的不是胶卷，也不是相片，而是"幸福的记忆、珍贵的瞬间、永远的珍藏"。

对于汽车，推销员推销的不是汽车，而是"便利、尊贵、社会地位"。

对于电影票，推销员推销的不是电影票，而是"娱乐、欣赏、享受、放松、逃避现实、忘记外面世界 2～3 小时"。

任务演练

用 FAB 法对以下产品进行介绍：奶粉、钢笔、化妆品、计算机、沙发。

学习情境四　产 品 示 范

情境导入

看一看下面这位保险业务员是如何卖掉他的保险的。他说，他到客户家里，会跟客户要一杯水喝，喝完后，他就把这个茶杯放在茶几的边缘。这时客户会很紧张，说请不要将这个茶杯放在这么靠边的地方，太危险，他就把茶杯放在茶几中间。而这个时候保险业务员问："您为什么要把茶杯放里面，放旁边不行吗？"客户马上会说不行，太危险，万一打翻怎么办。结果这个保险业务员就说："您连杯子都那么害怕被打翻，担心它有风险，何况人呢？今天我带给您的是人的安全和保障，让您避免人生的风险。"

想一想：上述案例中的保险业务员把茶杯放在茶几边缘的举动激发了顾客的好奇，两个人交流的时刻产生了共鸣。他用了一种很有创意的方法，即创新了产品介绍开场白，让别人不可抗拒。说服顾客购买的方法还有哪些呢？

相关知识

（一）产品本身可能是最好的说服手段

当你用语言无法打动顾客时，产品本身可能是最好的说服手段。

在赤道附近某个国家的某所小学语文课上，老师给学生描述"雪"。

> **案 例**
>
> 老师：雪是纯白的东西。
> 学生：知道了，老师，雪像盐。
> 老师：不错。雪是冰冷的东西。
> 学生：雪像冰淇淋。
> 老师：不对。雪是颗粒状的东西。
> 学生：雪像砂子。
> 老师始终无法向学生解释清楚什么是雪。课后，老师布置作业，让学生以"雪"为题目写作文，结果有好几个学生这样写道："雪是白色的、味道又冷又咸的砂。"

我们常常说椅子坐着舒适，那怎样描绘舒适？美国克莱斯勒汽车公司的董事长埃克哈是推销员出身。当年他推销汽车，向汽车经销商展示汽车座椅性能的时候，没有直接说坐着如何舒适、如何柔软，而是采用这样的手法：他把1000多名经销商召集到一起，把汽车座椅卸下来，放在地上，爬上三层楼房房顶，向汽车座椅扔鸡蛋。扔在座椅上的鸡蛋都没被摔烂，经销商折服了。

日本西铁城手表要在澳大利亚打开市场。当时人们只知道瑞士手表好，还没听说过日本手表。他们就在报纸上登广告，说×年×月×日在堪培拉广场，公司将免费赠送手表给市民，方式是从直升飞机上向下往广场扔。表演完了，人们从地上捡起手表，居然没有摔坏，拿回家用，时间还很准。这样，日本西铁城手表就在澳大利亚打开了市场。

杉杉服装当初进军上海市场。进百货商场，人家不让，杉杉公司就在商场门口摆了一台洗衣机，将杉杉衬衣放进去洗。洗了拿出来，再放进去……演示了三天，衬衣拿出来，居然没走型。商场终于同意给专柜，上海市民也认识了杉杉服装。

当年，在国际展销会上，茅台酒还没有名气，包装也不显眼。最后一天仍无人问津。工作人员把酒瓶往地上一摔，顿时醇香四处飘溢。那些国际品酒专家寻香而来，品尝之后，纷纷叫好，由此茅台酒一举成名。

（二）产品示范方法

示范是创造销售奇迹的好方法。

1）让顾客亲身体验，观看、触摸、闻一闻、听一听、尝一尝。

2）当场使用、操作。

3）现场表演。

4）工业品试用。

5）展示，如汽车展示、服装表演。

6）参观工厂。有些现代化工厂卖门票，既有门票收入，又能宣传企业和产品。

合理的产品示范可以让顾客非常直观地看到产品的优越性，眼见为实，耳听为虚，你会发现好产品不需要说太多，只需要示范。一个简单的示范胜过千言万语，其效果可以让你在十分钟内作出别人几天才能达到的业绩。

任务演练

1）学生分组，5 人或 6 人为一组。

2）每组选定一款商品，讨论商品的特性和功能。

3）每组派代表上台进行商品介绍和示范。

学习情境五　激发顾客的想象力

情境导入

晚上，经过了一天的劳累，你回到家里。终于可以和心爱的妻子在一起了，你很想紧紧地和她靠在一起，说说生活的不容易。可是，你可爱的妻子却推开你，说你口气有点"杂"，要你去刷牙。一般的牙膏能帮你去掉那股烟酒味吗？不能！而我们的牙膏，你只需要用一点点，不但会令你口气清新，还会让你的妻子产生吻你的欲望。你不正需要这样的牙膏吗？

想一想：激发顾客的想象力对推销有什么作用？激发顾客的想象力有哪些方法？

相关知识

（一）顾客购买行为的形成

顾客实现购买行为会经过以下几个过程：注意→兴趣→联想→欲望→比较思考→信念→行动→满足。

购物场所应从视觉、听觉、触觉、感觉等方面给客户一种立体、全方位的体验，进入购买的高层次水平，不仅仅是卖产品，更是卖一种体验、一种享受、一种优越感。所以，购物场所布置的重要性不言而喻。

1. 注意

所谓注意，是指顾客盯着商品看。换言之，行走之人眺望店铺或店内橱窗的商品，或者顾客进入店中观看展示箱中的商品，都是购买心理过程的第一阶段。

2. 兴趣

盯住看商品的顾客，最后有人会离开，但是也有人会因为对商品感兴趣而止步，这时候不外乎是顾客对商品的颜色、设计、价格和使用方法等产生的兴趣。

3. 联想

当顾客手触到商品，摆弄察看时，不仅产生了浓厚的兴趣，甚至开始联想自己使用该商品的情景。例如，这次旅行如果能穿这样一件羊毛衫，一定魅力倍增；这款窗帘如果装在自己的房间，必定很棒等诸如此类的心中联想。

从这一层意义来说，商品陈列和橱窗，不应只是着眼于吸引顾客的目光，更重要的是能引发顾客的联想，让其感到使用该商品会有莫大的喜悦。

4. 欲望

顾客若将其联想延伸，就是对商品产生了欲望，此刻很容易买下商品。其实顾客的心理很单纯。当对某产品有很高的欲望时，"对我来说是最好的吗？""难道没有更好的吗？"这种心理自然产生。

5. 比较思考

"该商品真的适合自己吗？""果真和房间相配吗？"当顾客对好产品的期待感提高，与周围并列的许多商品进行比较时，会对其颜色、性能、尺寸和价格等作比较思考。

在处于比较思考的阶段，顾客总是对挑选商品产生困惑，因为他们正有求于良好的建议和指导。假如这个时候推销员无法顺利加以引导，那么顾客将会和家人研究一下再说，从而掉头离去。因此，在比较思考阶段，对推销员而言，应对技巧相当重要。

6. 信念

经过各种比较思考之后，顾客终于发现适合自己需要的商品并决定购买。此时顾客的信念有如下两点：①对推销员的信赖，顾客要求推销员帮助自己进行挑选，这是对推销员的信赖；②信赖店铺和制造商，这类商品适合自己的喜好，对商品的信赖往往源于自身的感觉、经验和判断力，没有质量方面的顾虑。

7. 行动

这里所谓的行动，是指顾客下定决心购买。具体言之，即把钱交给推销员买下商品。此购买行动对卖方而言，是期盼已久的。成交之所以困难，在于很难掌握时机。只要时机消逝，即使畅销品也会变得滞销。

8. 满足

即使收取了顾客的钱，成交行为也没有结束。必须将所购物品加以包装，找回零钱，送到其手边，使顾客在购物后有满足感。购物的满足感通常分生理满足感和心理满足感。

顾客购买行为具有动态性、互动性、多样性、易变性、冲动性、交易性等特点。严格地说，顾客购买行为由一系列环节组成，即顾客购买行为来源于系统的购买决策过程，并受到内外多种因素的影响。顾客购买行为的复杂多变，对推销员提出了更多、更大的挑战。对于优秀的推销员来说，掌握顾客购买决策过程及了解影响顾客作出购买决策等的因素等至关重要。

（二）引起顾客的兴趣、激发顾客的想象力的方法

推销员与准顾客的交流主要是通过语言进行的，语言是引起顾客兴趣、引导顾客产生联想的最直接的工具。推销员在与顾客交谈之前，需要有适当的开场白。开场白的好坏，几乎可以决定这一次访问的成败。换言之，好的开场白是推销员成功的重要环节。推销高手常利用以下几种创造性的开场白。

1. 谈及省钱的话题

绝大多数人都对钱感兴趣，省钱和赚钱的方法很容易引起客户的兴趣。例如，"张经理，我是来告诉贵公司节省一半电费的方法的。""王厂长，我们的机器比贵公司目前的机器速度快、耗电少、更精确，能降低贵公司的生产成本。""陈厂长，您愿意每年在毛巾生产上节约5万元吗？"

2. 真诚的赞美

每个人都喜欢听好听的话，顾客也不例外。因此，赞美就成为接近顾客的好方法。

赞美准顾客必须找出别人可能忽略的特点，而让准顾客知道你的话是真诚的。赞美的话若不真诚，就会成为奉承，这样效果当然不会好。

赞美比奉承难，它要先经过思索，不但要有诚意，而且要选定既定的目标。例如，"王总，您这房子真漂亮。"这句话听起来像奉承。"王总，您这房子的大厅设计得真别致。"这句话就是赞美了。

下面是两个赞美客户开场白的实例："林经理，我听华美服装厂的张总说，跟您做生意最痛快不过了。他夸赞您是一位热心爽快的人。""恭喜您啊，李总，我刚在报纸上看到您的消息，祝贺您当选为十大杰出企业家。"

3. 利用好奇心

现代心理学表明，好奇是人类行为的基本动机之一。美国杰克逊州立大学刘安彦教授说："探索与好奇，似乎是一般人的天性，对于神秘奥妙的事物，往往是大家所熟悉关心的注目对象。"那些顾客不熟悉、不了解、不知道或与众不同的东西，往往会引起人们的注意，推销员可以利用人人皆有的好奇心来引起顾客的注意。

案　例

一位推销员对顾客说："老李，您知道世界上最懒的东西是什么吗？"顾客感到迷惑，但也很好奇。这位推销员继续说："就是您藏起来不用的钱。它们本来可以购买我们的空调，让您度过一个凉爽的夏天。"

　　某地毯推销员对顾客说："每天只花 1 毛 6 分钱就可以给您的卧室铺上地毯。"顾客对此感到惊奇，推销员接着讲道："您卧室的面积为 12 平方米，我厂地毯价格每平方米为 24.8 元，这样需要 297.6 元。我厂地毯可铺用 5 年，每年 365 天，这样平均每天的花费只有 1 毛 6 分钱。"

　　推销员要制造神秘气氛，引起对方的好奇，然后在解答疑问时，很巧妙地把产品介绍给顾客。

4. 提及有影响的第三人

　　告诉顾客，是第三者（顾客的亲友）要你来找他的，这是一种迂回战术。因为每个人都有"不看僧面看佛面"的心理，所以，大多数人对亲友介绍来的推销员都很客气。例如，"何先生，您的好友张安平先生要我来找您，他认为您可能对我们的印刷机械感兴趣，因为这些产品为他的公司带来了很多好处与便利。"打着别人的旗号来推介自己的方法，虽然很管用，但要注意，一定要确有其人其事，绝不可以自己杜撰，否则，顾客一旦查对起来，就会露出马脚。

　　为了取信顾客，若能出示引荐人的名片或介绍信，效果会更佳。

5. 举著名的公司或人为例

　　人们的购买行为常常受到其他人的影响，推销员若能把握顾客这层心理，好好地利用，一定会收到很好的效果。例如，"李厂长，××公司的张总采纳了我们的建议后，公司的营业状况大有起色。"举著名的公司或人为例，可以壮大自己的声势，特别是如果你举的例子正好是顾客所景仰或性质相同的企业，效果就会更显著。

6. 提出问题

　　推销员直接向顾客提出问题，利用所提的问题来引起顾客的注意和兴趣。例如，"张厂长，您认为影响贵厂产品质量的主要因素是什么？"产品质量自然是厂长最关心的问题，推销员这么一问，无疑将引导对方逐步进入面谈。

　　在运用这一技巧时应注意，推销员所提问题，应是对方最关心的问题，提问必须明确具体，不可言语不清楚、模棱两可，否则，很难引起对方的注意。

7. 向顾客提供信息

　　推销员向顾客提供一些对其有帮助的信息，如市场行情、新技术、新产品知识等，会引起顾客的注意。这就要求推销员能站在顾客的立场上，为顾客着想，尽量多阅读报刊，掌握市场动态，充实自己的知识，把自己训练成为这一行业的专家。顾客或许对推销员应付了事，对专家则是非常尊重的。例如，你对顾客说："我在××刊物上看到一项新的技术发明，觉得对贵厂很有用。"推销员为顾客提供了信息，关心了顾客的利益，也获得了顾客的尊敬与好感。

8. 表演展示

推销员利用各种戏剧性的动作来展示产品，最能引起顾客的注意。一位消防用品推销员见到顾客后，并不急于开口说话，而是从包里拿出一件防火衣，将其装入一个大纸袋，旋即用火点燃纸袋，等纸袋烧完后，里面的衣服仍完好无损。这一戏剧性的表演，使顾客产生了极大的兴趣。卖高级领带的售货员只会说"这是金钟牌高级领带"，这没什么效果，但是，如果把领带揉成一团，再轻易地拉平，说"这是金钟牌高级领带"，就能给人留下深刻的印象。

9. 利用产品

推销员利用所推销的产品来引起顾客的注意和兴趣。这种方法的最大特点，就是让产品作自我介绍，用产品的魅力来吸引顾客。河南省一名乡镇企业厂长把该厂生产的设计新颖、做工考究的皮鞋放到郑州华联商厦经理办公桌上时，经理不禁眼睛一亮，问："哪里产的？多少钱一双？"广州表壳厂的推销员到上海手表三厂去推销，他们准备了一个产品箱，里面放上制作精美、琳琅满目的新产品，进门后不说太多的话，把箱子打开，一下子就吸引住了顾客。

10. 向顾客求教

推销员利用向顾客请教问题的方法来引起顾客的注意。有些人好为人师，总喜欢指导、教育别人，或显示自己。推销员可以有意找一些不懂的问题向顾客请教。顾客一般是不会拒绝虚心讨教的推销员的。例如，"王总，在计算机方面您可是专家。这是我公司研制的新型电脑，请您指导，在设计方面还存在什么问题。"受到这番抬举，对方就会接过电脑资料信手翻翻，一旦被电脑先进的技术性能所吸引，推销便有可能获得成功。

11. 强调与众不同

推销员要力图创造新的推销方法与推销风格，用新奇的方法来引起顾客的注意。日本一位人寿保险推销员在名片上印着"76 600"的数字，顾客感到奇怪，就问："这个数字是什么意思？"推销员反问道："您一生中吃多少顿饭？"几乎没有顾客能答得出来，推销员接着说："76 600 顿啊！假定退休年龄是 55 岁，按照日本人的平均寿命计算，您剩下不到 19 年的饭，即 20 805 顿……"这位推销员用一张新奇的名片吸引了顾客的注意力。

12. 利用赠品

每个人或多或少有贪便宜的心理，赠品就是利用人类的这种心理进行推销。很少有人会拒绝免费的东西，用赠品作敲门砖，既新鲜又实用。

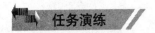 **任务演练**

针对消防用品防火衣，要求学生利用各种戏剧性的动作来展示产品，教师对学生的表现进行评价。

职业素质

信心关乎推销成败

《美国》杂志的出版商亚瑟·莫特里年轻时为积攒上大学的学费，到处寻找打零工的机会。有一天，一位齐特拉琴的推销商找到他，让他做推销。齐特拉琴是一种古琴，价格不高，销量较好。亚瑟·莫特里以 5 美元/把进货，以 10 美元/把卖出，同时免费赠送给顾客 30 页乐谱。有一天，一位买琴的顾客向他索要更多的乐谱，他突然发现这种琴只能弹奏 C 调，对其他调号的曲子用处不大。从那天起，他的销量再也没有达到先前的水平，因为他认为产品有缺陷，对产品信心不足。

启 示 要成为顶尖的销售人员，需要自我肯定，对商品有信心，对公司有信心。作为一名推销员，应该让客户感觉到你的清晰、自然、优雅、专业，这样客户才会对你销售的产品及服务有信心，你才有可能进行成功的销售。如果你的行为不专业，没有自信，也没有热情，那么客户必然会对你失去信心。

项 目 总 结

推销洽谈，也称交易谈判，是指推销员运用各种方式、方法和手段，向顾客传递推销信息，并设法说服顾客购买商品和服务的协商过程。在古代，推销人员主要依靠一双"铁腿"和一张"巧嘴"，行万里路，登万户门，说万次话，讨万回价，当面商议，各得其所。因此，古人所称的推销洽谈基本上属于当面洽谈。在现代推销环境里，新的推销方法、推销技术和推销手段的不断出现，使得推销洽谈的方式和方法也在不断变化。

推销洽谈是推销员重要的工作之一，它是实现成交的过程和手段，洽谈的效果如何，最后能否实现交易，往往取决于推销员在洽谈中的表现，因此，每个推销员都必须研究和掌握洽谈技巧。

推销业务洽谈是推销员与顾客面对面会谈的一种形式，洽谈的目的是为了实现商品销售。本项目主要讨论了推销员在推销洽谈中应具备的素质和技巧。首先，推销员应具备良好的亲和力，与顾客建立起信任关系；其次，推销员应具备灵活运用洽谈语言的能力，学会倾听和提问，站在顾客的角度上解决问题，实现交易；最后，推销员应具备专业能力，将产品进行推销、展示，激起顾客的购买欲望，完成购买行为。

练 习 题

一、案例分析题

伍德夫妇是一对年轻夫妇，住在亚利桑那州凤凰城郊区。他们都受过高等教育。他们有两个孩子，一个 9 岁，一个 5 岁。伍德夫妇非常关心孩子的教育，并下决心要让他们接受当地最好的教育。

随着孩子们的长大，伍德夫人意识到该是让他们看一些百科读物的时候了。一天，当她在翻一本杂志时，一则有关百科读物的广告吸引了她。于是，她打电话给当地代理商，问是否能见面谈一谈。以下为两人有关此事的谈话摘录：

伍德夫人：请告诉我你们这套百科全书有哪些优点？

推销员：首先请您看看我带的这套样书。正如您所见到的，本书的装帧是一流的，整套 50 卷都是真皮封烫金字的装帧，摆在您的书架上，那感觉一定好极了。

伍德夫人：我能想象得出，你能给我讲讲其中的内容吗？

推销员：当然可以，本书内容按字母顺序编排，这样便于查找资料。每幅图片都很漂亮、逼真，比如，这幅南美洲各国的国旗图，颜色逼真。

伍德夫人：我看得出，不过我更感兴趣的是……

推销员：我知道您想说什么，本书内容包罗万象，有了这套书您就如同有了一套地图集，而且还附有详尽的地形图。这对年轻人来说一定很有用处。

伍德夫人：我要为我孩子着想。

推销员：当然！我完全理解，由于我公司为此书特制有带锁的玻璃门书箱，这样您的小天使也许就无法玩弄它们，无法在上面涂抹了。而且，您知道，这的确是一笔很有价值的投资，即便以后想出卖也不会赔钱。何况时间越长收藏价值还会增大，此外，它还是一件很漂亮的室内装饰品。那个精美的小书箱就算我们送给您的。现在我可以给您下订单了吗？

伍德夫人：哦！我得考虑考虑。你是否可以留下其中的某部，比如文学部分，以便我进一步了解其中的内容呢？

推销员：我真的没有带文学部分来，不过我想告诉您，我公司本周内有一次特别的优惠售书活动，我希望您有好运。

伍德夫人：我恐怕不需要了。

推销员：我们明天再谈好吗？这套书可是给您丈夫的一件很好的礼物。

伍德夫人：哦！不必了，我们已经没兴趣了，多谢。

推销员：谢谢。再见。如果您改变主意，请给我打电话。

伍德夫人：再见。

1. 这位推销员的失误之处在哪里？
2. 伍德夫人购买此书的动机是什么？

3. 本案例对你有什么启发？

二、实训题

有一天，某百货商店箱包柜进来一位年轻顾客小李要买箱子。他一会儿看牛皮箱，一会儿又挑人造革箱，挑来挑去拿不定主意。这时，营业员小王上前招呼，并了解到该顾客是为了出国用，便马上把106厘米牛津滑轮箱介绍给顾客，并说明了飞机持箱的规定，最大不超过106厘米，还介绍了牛津滑轮箱的各种特点。小李听了觉得他讲得头头是道、合情合理，而且丝丝入扣、正中下怀，于是就选定了牛津滑轮箱高兴地离去了。

请你为顾客小李和营业员小王设计一段对话，实现销售过程。（对话中要体现出小王作为销售人员的亲和力，正确了解顾客需求，并有专业能力介绍商品。）

项目四　异议处理

学习目标

1. 知识目标

如何正确认知顾客异议的现象，分析产生顾客异议的原因，知道处理顾客异议的原则和方法。

2. 能力目标

描述产生异议的原因，正确鉴别顾客的异议类型，学会处理顾客异议。

3. 职业素质目标

学生要养成善于思考的习惯，培养抗挫折能力和自信心，要相信自己的能力和价值，能够进行自我激励。

任务一　异议成因分析

学习情境一　正确认知顾客异议的现象

情境导入

假如你是远华电器公司的推销员，当你向你的客户做完空调方案展示后，客户说："方案还可以，你们公司报的价格是我们所接触过的多家公司中比较低的，但是我们还是决定选择购买大品牌苏宁公司的产品。价格上节省5万元对于我们来说并没有省很多钱，主要是品牌产品值得信赖。"

想一想：假设你知道除了价格上你们公司的产品比苏宁要低一些，在产品的质量上和苏宁的产品相差无几。在这种情况下，你该对客户说些什么，让他重新考虑你们自己公司的产品，最终达成交易？推销员在推销产品的时候经常会碰到客户说"不"的情况，面对客户提出的各种异议，推销员该如何正确认知、应对这类问题？

相关知识

在推销的过程当中，有些顾客对于来自推销员所推销的产品或服务，即使是他所急切需要的，也会或多或少地提出疑问或质疑，很难做到全盘接受。在销售过程中，顾客对推销人员持有的怀疑或不合作的态度，就是顾客异议。

（一）顾客异议的含义

顾客异议，是指顾客对推销品、推销员及推销方式和交易条件发出的怀疑、抱怨，提出否定或反对的意见。

1. 没有异议就没有推销

顾客存在异议到底是好事还是坏事？不同推销员的反应和态度不同，有人欢迎，有人害怕，有人拒绝，作为一名优秀的推销员，要正确认识来自顾客的异议。

拒绝是推销过程中不可缺少的一部分，拒绝就是异议。在推销中，推销员对顾客进行产品介绍、利益推销等推销说服活动时，通过寻找、发现并唤起顾客需求，从而促使顾客采取购买行动。在整个推销过程中，信息交流是双向的，不是推销员一个人完成，参与性原则要求顾客积极参与。这就像两盏灯的法则，推销员要让顾客面前的那盏灯亮起来，而不是只让自己面前的这盏灯长明。推销员与顾客是两个利益不同的主体，信息双向交流，利益冲突碰撞，顾客异议就会产生。

顾客存在异议是正常现象，推销员要正确看待推销过程中出现的每一个异议，这样才能接近潜在顾客，明白顾客想法，理解顾客，为顾客提供更多的信息，最终达成交易。

2. 顾客异议是成交的信号，是成功推销的前奏

顾客异议是成交的信号。俗话说"嫌货人是买货人""褒贬是买主，喝彩是闲人"。有些推销员害怕异议，他们把顾客异议看成是顺利销售的障碍，认为顾客异议会导致推销的失败。从表面上看，可能会如此，但这只在推销员不能成功处理顾客异议的情况下才会产生。实际上，顾客异议是成功的前奏，正是因为有了顾客的异议，你才能了解顾客心里在想些什么，这正好给你提供了进一步与顾客进行交流的机会。有经验的推销员会告诉你，最难应付的是那些保持沉默、一言不发、不愿交流的顾客。他们会告诉你，那些提出异议的顾客，实际上是对产品有兴趣的人。所以，正确的态度应该是欢迎异议。

一位著名的推销员说："当顾客提出一项异议时，我首先要做的就是微笑。这使我知道了顾客在想什么，就可以进行推销。保持沉默的顾客是最难对付的。如果他什么都不说，那我就不知道如何完成推销。"如果推销员能真正认识到这一点，那就离成功不远了。

（二）顾客异议的类型

在推销中随时都有可能出现不同形式的顾客异议，现将其类型归纳如下：

1. 按发出异议的客观性、主观性分

（1）真实的意见

顾客有意接受推销，但出于对自己的利益考虑，对产品或条件提出了质疑和探讨。例如，对产品的功能、价格的看法等。这类顾客期待推销人员能作出相应的反应，推销员如果在这个时候采取回避的意见，无疑将会使交易失败。在这种情况下，推销员应正

面回答顾客提出的各种问题，为顾客解决困难，消除其疑虑。

（2）借口

这种顾客并非真正对产品或条件不满意，而是有不便说的原因而提出异议。例如，有的人为了掩饰自己不能作出购买决定，就推脱说没有自己喜欢的款式，或是说看看再决定。由于借口不是真正的意见，所以在这种情况下，即使推销员使尽浑身解数也消除不了顾客的借口，很难推销成功。顾客的借口及对应的真实原因如表 4-1 所示。

表 4-1　顾客的借口及对应的真实原因

序号	借口	真实原因
1	我考虑考虑再说	没钱；目前不需要；价格太高；对产品、公司、推销员不信任
2	没钱	有钱，但不舍得买
3	我要和领导、妻子商量一下	自己拿不定主意
4	给我一点时间想想	没有其他人的同意，无权擅自购买
5	我还没有准备要买	认为别处可以买到更划算的
6	我们已经有了	不想更换供货厂家
7	价格太高了	想到处比价
8	我没打算要买	此时忙着处理其他事情，没时间

（3）偏见

顾客也会从主观意愿出发，不切实际地评价产品或提出不合理的意见。例如，穿惯了中规中矩服装的顾客可能会评价新潮服装式样不稳重，这可能是顾客缺乏购买意向的表现。推销员不要与顾客争辩，而应婉转表达自己的意见。对于这类异议，并不需要得出是非输赢的结果。

2. 按发出异议的形式分

（1）直接式

顾客将心中的疑虑直率地表露出来，如"我想在推出了新的产品后再考虑购买""这个产品价位有点高"。

（2）隐形式

当潜在的顾客不愿说出异议时，要么不说，要么说出来的也并非真正的原因，而是一种搪塞性的异议，如"我不喜欢这种型号、颜色""我现在不想买"这类的话。事实上，这并不是他不想买的真正理由，只不过希望以此赢得还价的机会。处理隐形式异议的方法如下：

1）提问。提问是查明隐形式异议的一种有效方法。应鼓励潜在顾客对产品发表意见、畅谈感想。

2）倾听。认真倾听也是一种有效的方法。潜在顾客有时会以一种隐讳的方式表达他的异议，如果认真倾听就能够听出来，否则就会错过成交机会。

3）注意非言语表达行为。潜在顾客有一些非言语表达，通常会成为推销员寻找隐形异议的线索，如摇头、皱眉，或呈现出一副迷惑的神情。

4) 主动提出异议。推销员主动提出可能异议。例如，你已经向潜在顾客陈述了产品的优点，但没有像通常那样听到顾客提出异议，这时你可以说"价格是有点高，但质量有保证"。如果潜在顾客表示认同，那么你就可以就价格和质量问题进行探讨。

3. 按发出异议的原因分

（1）需求异议

需求异议，是指顾客提出他根本不需要推销员所推销的产品。这是很常见的来自顾客自身方面的异议，它可能是顾客的认识水平、生活阅历和成见心理等造成的。推销员在审查阶段已经对顾客进行了初步的了解，因此对顾客的需求状况有了一定的了解，所以在大多数情况下，推销员应认真分析，妥善处理，循循善诱地帮助顾客提高对产品的认识，消除成见。如果在审查时错误地估计了顾客需求，当顾客提出的是真实的需求异议时，如"我们已经有这款产品了"，那就应该停止推销。

（2）价格异议

价格异议，是指顾客认为推销员的产品价格过高，不能接受或难以接受时所提出的异议，通常表现为讨价还价。

价格异议也有真实与虚假之分。真实的价格异议产生的最主要原因是想少出钱，当然也有可能是别的原因。当顾客认为产品的价格与他所估计的价格相差较大时，他就会提出价格异议，如"产品的价格太高了""其他地方的价格更低一些"。推销员一般不能轻易让步，要找出价格之所以如此高的理由来说服顾客。例如，产品采用了新的材料、新颖的设计、与竞争产品相比具有许多优点等，实在不行，再作出让步。

价格异议是成交的主要障碍之一，也是将要获得成功的信号。真实的价格异议一般表明顾客是乐于购买推销品的，只是要求在价格上有所让步，在这种情况下，推销员应抓紧时机，主动出击，采用一些方法，如降低单价、反问、强调产品优势等来消除障碍。推销员对这种异议要有充分的心理准备，最好能将价格异议事先化解。如先多谈价值，尽量强调产品能给顾客带来的好处，后谈价格，以使顾客觉得物有所值。

（3）产品异议

产品异议，也称为质量异议，是指顾客对产品的性能、作用、质量和用途等提出不同的看法。它属于推销产品过程中的一种常见异议。

顾客购买产品时比较看重产品的质量和性能，如果你的产品不能给他带来预期设想的效果，甚至会给他增加不少麻烦，那么他就不愿意买你的产品。顾客购买产品时，对产品的异议很多，造成这种状况的原因很复杂，其中顾客的认识水平是最主要的，此外，广告宣传、购买习惯及其他的因素都可能会导致产品异议。对于竞争性产品的异议，推销员要突出宣传本产品与竞争对手产品相比的特殊性质、特殊用途，以及对顾客的价值。如果是非竞争性产品，顾客异议产生的原因主要是不了解产品时，推销人员要认真、详细地介绍产品，说明产品的用途，以及能给顾客带来的利益。

顾客也会从自己的兴趣爱好及购买心理出发，对产品的设计甚至包装提出异议，如"我不喜欢这种款式""这个产品的包装不好""没有我喜欢的颜色"等。推销员遇到这种情况时，要正确对待这种反对意见。如果你的产品确实存在顾客所说的不足之处，就应该同意顾客的某些意见并进行巧妙的回答，如"这种款式在市场上很流行""这种包装不太美观，但很实用""这种颜色销量不错的，你喜欢什么颜色"等。

产品异议无疑也会成为顾客不买的借口，因而也有事实和虚假之分。顾客对产品的异议，如果确定很实际、很重要（以大部分顾客反映的意见为基础），推销员还应该及时地反馈回企业，建议改进的办法，这也是推销员的一项基本职责。

（4）财力异议

财力异议，也称为支付能力异议，是指顾客认为他支付不起购买产品所需要的款项。它也属于一种顾客自身方面的异议。

造成财力异议的主要原因是顾客的财力状况，如"现在手头很紧，实在没钱"，这种情况说明顾客是需要产品的，只是因为手头紧张。这一点在顾客资格审查阶段就应了解，如果是真实的异议，并且顾客有延期支付能力，则可以采用延期或分期付款的方式来排除障碍，促成交易。如果是虚假的异议，即顾客以财力异议为借口，拒绝推销员及其产品，推销员则应有根据地驳回这种虚假异议。

（5）权力异议

权力异议，也称为决策力异议，是指推销员在拜访顾客或推销洽谈中，顾客表示无权对购买行为作出决策。它和财力异议一样，也是来自顾客方面的异议。

产生权力异议的主要根源在于顾客的决策能力状况。这种情况在顾客资格的审查阶段就应了解清楚，如果是真实的权力异议，这时推销员最好找到真正的决策人。权力异议有时也是一种拒绝或迫使推销员让步的借口或手段，对此，推销员应巧妙地揭开这一假象，指出问题的实质。

（6）推销员异议

推销员异议，是指顾客不愿意向某一特定的推销员购买产品。这是一种属于推销人员方面的异议。

推销人员异议产生的原因很多，如推销员服务态度不好、不讲究推销礼仪、推销信誉不佳、人际关系不良、搞推销竞争、顾客与其他同行业推销员有某种特殊关系等。这种异议几乎是真实的，顾客虽然想买这种产品，但是由于上述原因，不愿意买那位特定推销员提供的产品。因此，推销员应尽力改善自己的形象，让顾客感觉到自己的人格魅力，从而改变顾客的决定。显然，这是一种积极的异议，说明推销工作没有做好，需要改进。由此也可看出，推销员加强自身修养，提高业务素质和技能的重要性。

（7）企业异议

企业异议，是指顾客不愿意在推销员所代表的公司购买产品。它也属于推销人员方面的异议。

这种异议与产品异议有联系，有时对产品的成见可能会形成对企业的异议。造成这种异议的主要原因有企业信誉不佳、销售服务不周、同行业竞争激烈等。因此，推销员要设法使顾客对本公司信服。企业异议也是一种积极的异议，它在一定程度上说明了企业需要改进的地方，也表明了企业不断提高其知名度、美誉度的重要性。

（8）购买时间异议

购买时间异议，是指顾客有意拖延购买时间，说明自己将来会对所推销的产品有需求，表示以后购买。这是来自顾客方面的一种异议，它说明顾客不是不买，而是现在还不买这种产品。

造成购买时间异议的原因主要有资金周转困难、存货过多、决策条件不够等。如果是真实的异议，并且是不可转化的，如存货过多引起的购买时间异议，这时推销应告一段落，但应留有余地，等顾客需要时再推销。如果是可转化的真实异议，推销员应积极说服顾客立刻购买，并讲明拖延购买是不利的，如通过预期通货膨胀、过多地选择费时费力不合算、拖延购买的机会成本太高等来说服顾客立即购买。

（9）其他异议

1）货源异议，是指顾客对推销产品来源于哪家企业或哪位推销员表示不同的看法。

2）服务异议，是指顾客对购买产品后能否为自己带来利益及利益的多少表示怀疑。

3）政策异议，是指顾客对销售和购买行为是否符合国家的政策或企业的规章制度表示担心。

4）交货期异议，是指顾客对推销员能否按照洽谈的时间交货（完工）表示怀疑。

总之，顾客的异议是多方面的。然而，表面上提出的各种异议是否真实，是否反映了顾客的真实想法，是否会对推销产品产生真正的阻碍，还需要推销员认真加以研究。因此，从众多的异议中分辨真假，就成了当务之急。一般而言，真实的异议通常较容易应付，而虚假的异议往往令推销员头痛。对此，切勿表示软弱，应理直气壮地问顾客："假若我能解决您所提出的困难，您将会订货，是吗？"如果回答是肯定的，他的异议便是真实的，但如果他立即提出其他新问题，则表明他没有诚意。这时切勿立即回答他，应等他把话讲完。

任务演练

1. 训练目的与要求

1）正确认知顾客异议。

2）举例说明顾客异议的类型。

2. 训练内容与步骤

1）将全班同学分组，每组5～7人。

2）分组讨论。

3）按照以下资料中的信息，判别顾客异议的类型。

顾客1："你们的产品还可以，但如果坏了去哪儿修却是问题。"

顾客2："我从来不用这个牌子的化妆品。"

顾客3："这种鞋设计太古板，颜色也不好看。"

顾客4："我们有老关系户，没有理由中断和他们的合作关系，转而与你们合作购买这种产品。"

顾客5："如果你再给我打个10%的折扣，我就拿货。"

顾客6："我看你（推销员）也不太专业，有的自己也没有弄明白，我不买了。"

顾客7："公司这个季度的资金周转比较困难，过一段时间再说吧！"

学习情境二　分析顾客异议的根源

▶ 情境导入 ////

市民陈女士来到一家医药超市购药，面对热情的店员，陈女士最终却不得不弃药而逃。这是怎么回事呢？

据陈女士介绍，她本来是准备购买自己经常服用的山东某品牌阿胶类补血口服液的。一进药店，一名年轻的女店员便上前问她需要什么药，问明情况后，她领着陈女士来到一药架前。当陈女士拿起她要购买的山东某品牌阿胶类口服液时，店员马上热情地递上产地是河南的阿胶类口服液，并且拿出宣传小册子不停地介绍该口服液的功能。陈女士告诉店员，自己一直服用山东某品牌口服液，觉得效果不错，她推荐的这种以前没服用过，不敢乱买。店员听后从货架上拿出一盒所推荐的产品，一边拆包装一边介绍说："这个牌子经常在电视上做广告，很有名气，很多顾客都说效果非常好。"陈女士询问价格后发现，店员推荐的这种10支装口服液的价格比山东某品牌12支装口服液高出近1倍。店员解释说："价格高说明这种口服液品质好，一盒的功效抵其他品牌口服液几盒。而且还有优惠活动，买三盒送一盒，很划算。"考虑再三，陈女士最终没有购买女店员推荐的那个品牌的口服液。

当陈女士准备离开这里到其他药架选购时，这位店员追随其后，仍旧不停地劝陈女士考虑购买她推荐的那个品牌的口服液，并且塞了一本宣传小册子到陈女士手中。当看到陈女士还要选购维生素时，店员又迅速将一盒价格较高的维生素类保健品递到陈女士面前，并且喋喋不休地开始介绍其功效。陈女士一再表示自己会慢慢选购，不需要店员推荐，但店员仍然"热情"地劝说。陈女士打断店员的介绍，并质问："是不是每推销出一盒你介绍的药品，你都可以从中拿到提成？"店员听后，搪塞了几句后，便走开了。陈女士已无心购药，放下手中的药品离开了这家药店。

想一想：顾客陈女士产生了哪几类购买异议？这些异议产生的原因是什么？

相关知识

（一）顾客方面的原因（从对方身上找原因）

1. 顾客没有真正认识到自己的需求

顾客没有意识到需要改变现状，固守旧有的消费方式。顾客对于购买对象、购买内容和购买方式墨守成规，不思改变，缺乏对新产品、新服务项目、新供应商的需求和购买动机。

对于这类缺乏认识而产生需求异议的顾客，推销员应通过深入全面的调查，了解顾客的需要，从关心与服务顾客的角度出发，利用各种提示和演示技术，帮助顾客了解自己的需要和问题，刺激顾客的购买欲望，提供更多的推销信息，使之接受新的生活方式和消费方式。

2. 顾客缺乏商品知识

以平和的语气和顾客交流，告诉顾客现在科技发展日新月异，新产品层出不穷，使其知道你所推销产品的优点在哪里，并使用顾客听得懂的话语，深入浅出地解说、演示要推销的产品。

3. 顾客的偏见、成见或习惯

偏见与成见往往缺乏逻辑，内容复杂而带有强烈的感情色彩，不是靠讲道理就可以轻易消除由此产生的异议的。遇到这种情况，推销员要避免与顾客直接讨论、争论，应倡导新的消费观念和消费方式，倡导社会进步，以引导顾客改变旧有的、落后的生活方式。

4. 顾客有比较固定的购销关系

一些企业在长期的生产经营活动中，往往与某些推销员及其所代表的企业形成了比较固定的购销合作关系，双方相互了解和信任。当新的推销员出现时，顾客不敢冒险丢掉已有的供货关系。这时，推销员应从降低购货风险、避免受制于人的角度来消除顾客异议。

5. 组织购买者的企业性质、经营机制、决策程序、购买习惯

如果推销员了解的情况不准确，往往会产生权力异议。因此，推销员要知晓决策中心的构成情况，避免发生权力异议。

6. 其他原因

例如，偶发的顾客情绪不佳，顾客特有性格等。

（二）从推销本身看（从自己身上找原因）

1. 推销品方面的问题

例如，顾客需要的是高品质的产品，推销员推销的却是一般性的产品；顾客需要的是价格便宜、质量要求不太高的产品，推销员推销的却是高品质的产品等。这一切都可能构成来自推销方面的客户异议，成为推销的障碍。再如，产品的性能、款式、质量、包装、价格等也会引起顾客异议。

2. 推销服务方面的问题

服务是产品整体的重要组成部分，服务作为附加产品，是买方市场条件下有效的竞争手段，是影响商品推销的重要因素。由于推销员没有提供给顾客足够的信息情报、服务态度欠佳等也会导致顾客异议。常见的情况：一是推销过程中服务工作不周到。例如，推销员不能指导顾客正确地使用推销产品，不能帮助顾客调试、操作产品。二是售后服务不能保证。顾客购买推销产品后要求得到运输、零配件供应、安装、调试、维修退换、技术培训等服务，如果推销员不能满足这些要求，顾客就会失去信心，甚至终止购买。因此，推销员只有向顾客提供应有的、足够的、良好的推销服务，才能有效地预防和处理客户对推销活动的服务异议。

3. 企业方面的问题

企业是推销的主体，它在推销活动中扮演着十分重要的角色。顾客对推销企业产生异议的原因：一是企业缺乏知名度；二是企业社会形象不佳；三是企业所处地区交通条件落后，或距离较远，顾客担心商品运输等问题；四是了解到企业管理水平不高，生产能力不好，产品质量不稳定，害怕影响购货时间、数量等；五是企业有不好的传闻，影响了企业形象。对此，企业应该加强管理，提高技术水平，扩大宣传，树立良好的形象，从根本上消除客户对企业的异议。此类问题属于由于企业形象欠佳、知名度不高、服务安排不周等导致的顾客异议。

4. 推销员方面的问题

推销员是企业的代表，直接与客户打交道，推销员稍不注意言行就会引起客户的异议。顾客对推销员产生的异议：一是推销员的性格不够好，顾客不欢迎不诚恳、不坦诚、不尊重人的推销员，也不愿意与缺乏幽默感、不愿意承担风险的推销员交往；二是推销员的形象不好，如推销员衣冠不整、举止不当、出言不逊等，顾客会从推销员的素质及形象，推广到产品的形象及企业的素质和形象，从而提出异议；三是对新推销员的异议，企业的老推销员已经与顾客建立起了非常好的私人关系，由于种种原因，企业更换了推销员，又未及时通知老顾客，当新推销员向老顾客推销产品时，往往会引起老顾客的猜疑甚至不积极合作。

消除顾客对推销员异议的关键是，推销员要加强学习，提高自身的素质，掌握熟练的推销技巧，努力塑造自己的职业形象。同时，推销员应注意加强与老顾客的联系，培养感情。当企业需要更换推销员时，应首先通知老顾客，并把新推销员介绍给老顾客。

任务演练

如何理解"没有卖不出去的商品，只有不会推销商品的推销员"这句话？

1. 训练目的与要求

分析顾客异议的根源。

2. 训练内容与步骤

1）将全班同学分组，每组 5～7 人。
2）分组讨论。
3）小组汇报总结，锻炼学生的理解力、表达力和思考力。

任务二   异议处理策略

学习情境一   寻找异议处理策略

情境导入

　　两辆装满土豆的马车停在自由市场上。一位女顾客走到第一辆马车前，问："土豆多少钱一袋？"坐在车上的女老板不屑地回答："55 元一袋。""噢，太贵了！我上周买时才 45 元。"女顾客不满地说。女老板懒懒地说："那是上周的事了，现在就是这个价。"女顾客扭头就走了。

　　女顾客来到第二辆马车前，询问价格。女老板闻听，立刻从车上下来，热情地说："大姐，您真有眼力，这是优选品种的土豆，是我们种的土豆中最好的一种。您看，这种土豆的芽眼很小，削皮不会造成什么浪费；您看，这袋土豆，个个又大又圆，是经过我们挑选过的；另外，您看这土豆，多干净，这是我们在装袋前处理过的，保证不仅放得住，而且不会弄脏您干净的厨房。我想，您不想花钱买一堆土吧？您说，60 元一袋还贵吗？"女顾客仔细地看了看袋里的土豆，点了点头。女老板又不失时机地问："您要两袋还是三袋？我给您搬到车上。"最终，女顾客买了两袋土豆。

　　想一想：女顾客为什么没有购买第一辆马车上的土豆，而是选择了比第一辆马车土豆还要贵一些的？如果顾客对商品价格存在异议，推销员应该如何处理？

相关知识

（一）处理顾客异议的方法

处理顾客异议的方法有很多种，差别也很大，推销员应该掌握的策略有以下几种。

1. 直接否定法

很多情况下，潜在的顾客提出的异议是虚假的，这有可能是因为信息的传递出现了偏差，也可能是有意为难。尽管避免争论是我们排除异议时必须遵循的原则，但在涉及产品、企业或推销员个人声誉的虚假异议时，推销员使用直接否定再辅以真实情况的叙述也是必要的。

例如，一位潜在顾客就某保险的理赔时间提出了异议："你们之前让我们投保很积极，可一旦出了事你们的理赔就会遥遥无期。"这时推销员就可以直接给予否定的答复："不，现在公司规定，从受理到结束不得超出五个工作日，您若不信，可以给理赔部打电话证实一下。"

在这种情况下，直接否定法对潜在顾客会产生什么样的作用呢？只要处理得当，并不会引起敌意、争辩，相反，推销员的回答会给潜在顾客一种坦诚无欺、实事求是的感觉。倘若你对公司内部这样简单的工作流程和规章制度都回答得很模糊，你就不会打消对方的疑虑，相反会让对方更加疑虑重重。

推销员在使用直接否定法时，要有理有据，不能自以为是，否定时要注意说话的语气，一定要恳切，态度要真诚，心平气和，绝对不能以傲慢或趾高气扬的态度回答对方的问题，否则就有可能表现出想发脾气或准备发动攻势的样子，顾客敞开的心扉也可能因你的"义正词严"而关闭，结果想取得潜在顾客信赖的目的也难以达到，反而顾客会更加疏远你。因此，建立在事实、逻辑和礼貌基础上的直接否定才可能是有效的。

2. 间接否定法

间接否定法与直接否定法不同，起初看起来同意潜在顾客的看法，接着变成了对异议中基本问题的否定。间接否定法的理论依据是，大多数人对那种直截了当的反驳比较反感。推销员为了避免对方的反感，一般不直接否定潜在顾客的异议，而是在回答之前先作让步。间接否定法的典型句式是"对/是的，但是……"。例如：

"嗯，我的价格是高了点儿，但我们的质量是保证的。我想您在购买产品时，更看重的是质量吧？"

"您讲得相当正确，经常都这样，但是这次的情况有点特殊……"

"我和您一样，也认为它有点儿贵，然而，当我仔细考察了其他同类产品后，我才发现……"

间接否定开始时表达的是赞同或者表示理解潜在顾客的立场，如"是的，我同意""起初我也是这么看的""我理解你的感受"。这些词句使推销员不直接说明潜在顾客错了，而是先与潜在顾客的观点保持一致，以削弱对方的戒备，然后纠正异议。

3. 转化处理法

转化处理法是一种把潜在顾客拒绝购买的异议经过转化后变成应当购买的理由。下面举几个具体例子来说明这一问题。

1）潜在顾客对保险推销员说："该给车上的保险我都买了，但我没有多余的钱给自己买。"推销员说："你也知道这马路上人来车往的，我们连自己不撞别人都保证不了，那更保证不了别人不撞我们。所以，您更得为自己买一份了。"

2）潜在顾客对灭火器推销员讲："我们单位买不起这玩意儿。"推销员说："你说的可能是实情，这话我爱听。但如果您连买灭火器的钱都拿不出来，那一场大火的损失您更是赔不起吧？"

3）一位潜在顾客对推销儿童读物的推销员说："我的孩子对学习课本的兴趣都没有，即使买了你的书，估计他也不会看。"推销员说："我们这套书正是为激发孩子学习兴趣而编的。"

4）一位潜在顾客对推销办公设备的推销员说："我工作太忙，没时间跟你说话。"推销员说："如果您的工作真的太忙，那我肯定找对人了。我们这套设备就是专门为提高文件处理效率，节约您的时间而设计的。"

5）潜在顾客对推销员说："我们现在的供应商很稳定，没有理由要更换供应商。"推销员说："供应商稳定是您把所有的鸡蛋都放在一个篮子里，没有什么可顾虑的，但如果他们公司劳资关系紧张，工人罢工，将会不可避免地影响您原料的供应，那时候想再将这些鸡蛋放在不同的篮子里，恐怕会来不及。"

这种方法是把潜在顾客拒绝购买产品的理由转化为应当购买的理由，因此，转化一定要理由充分，不能牵强附会，否则就不足以使潜在顾客心悦诚服。你可能也有过劝酒的经历，你的朋友说："我酒量不行，不能喝。"你的劝酒词是："正因为酒量不行，才需要锻炼锻炼。"回想一下，你的朋友喝了没有？

有时潜在顾客的异议是为了获取更多的有关产品的信息，而你却没有领会顾客的意思，没有提供更多的相关信息，而是转化了问题，这可能会引发潜在顾客的逆反心理，使促成交易与你失之交臂。

4. 优点补偿法

任何事物都是矛盾的统一体，世上没有十全十美的事。任何产品或服务都不可能将所有的好处占尽。尽管你的产品的优点很多，但潜在顾客有时指出的正是你的产品的缺点。因此，这时潜在顾客所提出的异议是合理的，你既不能否定，也不能转化。应对这种异议的一个好的办法就是优点补偿法。它是指推销员首先承认和肯定潜在顾客所提议的合理性，然后提出产品的优点去补偿这些缺点。一定存在几种购买原因使具有消极方面的决策得到补偿。例如：

顾客 1："贵公司没有足够的广告。"

推销员 1："是的，但我们的研究调查表明，店内促销对销售更重要。因此我们的包装非常新奇独特，店内的 POP 广告也是最引人注目的，这对促销的作用更大。"

顾客 2："这件衣服的款式不错，可不是纯棉材质的。"

推销员 2："您真是好眼力，这是今年的新款，为了穿在身上有垂感、有质感，我们采用的是×××面料，若选用纯棉面料可能就没有这种效果了。"

在克服异议时，推销员的任务就是促使潜在顾客对产品优点的向往超过对产品缺点的不满。这些优点包括：

1）至少同异议的缘由一样强。

2）可能的话，说明有额外的好处。

3）产品的优点将会满足顾客的需要，它不能满足的东西实际上并无多大意义。

优点补偿法在很多情况下是有效的，但这种方法不能滥用，否则会使潜在顾客丧失购买的信心。事实上，有些源于潜在顾客购买动机和认知结构的异议是无法补偿的。推销员没有确认顾客的异议是主要的还是次要的，是实际的还是心理的，就直接回复潜在顾客的反对意见，往往会节外生枝，引出更多的异议，让推销员坐困愁城。

5. 询问处理法

当推销员确实无法探明潜在顾客异议产生的根源时，或者它就是一种托词或者借口时，采用询问处理法有助于探查潜在顾客的真实想法，而且迫使潜在顾客自己回答自己的问题，也为推销员赢得了考虑如何处理潜在顾客异议的时间。然而，询问是非常讲究技巧的，不同的询问方式，效果截然不同。例如：

潜在顾客1："东西好是好，不过我现在不想买。"

推销员1："既然东西好，那为什么您现在不买呢？"

潜在顾客2："你的产品没有（某个特征）……"

推销员2："如果有特征，你会感兴趣吗？"（如果潜在顾客作出否定回答，你会知道这个特征是不重要的。）

潜在顾客3："你的价格太高。"

推销员3："你的决定是取决于价格还是按公平价格提供的产品？"（如果潜在顾客说取决于价格，你要证明利益如何比价格重要。如果潜在顾客说取决于产品，你已经消除了价格异议。）

潜在顾客4："你的价格太高。"

推销员4："你的决定取决于产品拥有期内的终生成本还是最初购买产品的成本？"（如果潜在顾客说取决于最初购买产品的成本，你要证明你的产品的稳定的品质可以免除那些廉价的产品所带来的不菲的维护费用和修理费用，指出最低价格的交易并非能够降低总成本。如果潜在顾客说取决于产品拥有期内的终生成本，你已经消除了价格异议。）

6. 忽略法

忽略法，是指有意不理睬潜在顾客的异议的一种处理方法。有时潜在顾客的异议不是很认真，与推销员成功与否没有多大关联性，或者就是虚假和不值得回答时，你忽略或一笑而过就是一种最好的回应方法。例如，某零售商对一前来推销洗衣粉的推销员抱怨说："你们做广告也赶时髦，洗衣粉与下岗工人有什么关系？好像只有下岗工人才买你们的洗衣粉，广告的受众可不只是下岗工人，你们的诉求点就不对。"该推销员听后只是微微一笑，继续谈他们的生意。

对于那些无关的、无效的异议，推销员可置若罔闻，装聋作哑。这种方法是有效的。但如果潜在顾客提出的是合情合理的异议，你仍然无动于衷、置之不理，可能会令潜在顾客感觉你对他重视不够，从而对你产生怀疑，或横眉冷对，从而关上已经开启的大门。

（二）处理顾客异议的策略

顾客异议产生的原因各不相同，因此，在处理策略的选择上也要有所差异。

1. 处理价格异议的策略（与商务谈判中的让步策略比较分析）

（1）先谈价值、后谈价格，多谈价值、少谈价格
在介绍产品之前，推销员不要把产品的具体价格告诉顾客。

在推销活动的早期阶段，推销员不要主动提及价格，也不要急于回答顾客提出的价格问题，更不要单纯地与顾客讨论价格问题。

顾客讨价还价的原因是多方面的：①还价习惯；②价格的确偏高；③顾客对产品不了解；④顾客从多方面进货，想把你的价格压下来，以便与他人讨价还价；⑤顾客想炫耀他讨价还价的能力。

推销员听到顾客说"太贵了，便宜一点吧"，就马上降价，这绝不是一个好方法。即使你降价，顾客也不一定会购买；相反，你不降价，如果顾客需要你的产品，他还是会购买。

顾客购买商品的动机在于商品所能带来的利益，并将这种利益与付出的价钱进行对比。"划算不划算"就是价格和价值的比较。因此，价格是一个相对的概念。我们多强调产品价值，就会让顾客产生价格相对便宜的感觉。

除非推销品的价格非常具有优势，否则，推销员不应该将重点放在价格上。将推销工作的重点放在价格优惠上，是推销新手常犯的错误之一。

推销员常犯的另一个错误是，从成本的角度去解释价格高的原因。例如：

"我想您也一定很清楚，最近物价上涨得实在太厉害了……"
"价格是高了一点，但是，生产成本也不断地在增加……"

与顾客讲成本是没有任何意义的，成本是企业管理的问题，成本高，说明你的企业管理水平低。推销员应该说："也许我们产品的价格是高了一点，但我可以保证，我们设备的故障率在所有同类产品中是最低的。"

（2）让步策略
1）坚持报价，不轻易让步。
2）不要作无意义的让步，要体现出自己的原则和立场，让步时提出附加条件。
3）作出的让步要恰到好处，一次让步的幅度不要过大，让步的频率不宜过快，要让对方觉得取得让步不容易，并由此产生满足心理，以免对方步步紧逼。
4）小问题可主动让步，大问题则力争让对方让步。
5）可适当提高报价，满足部分顾客喜爱杀价的需求。

（3）心理策略或制造价格便宜的幻觉
1）报价时，声明出厂价或优惠价，暗示这已是价格底线，不可能再讨价还价，以抑制顾客的杀价念头。
2）使用尽可能小的单位报价，以减少高额报价对顾客的心理冲击，如改千克为克，改大包装为小包装。

3）将产品的价格与其他日常支付的费用进行比较。例如，"购买使用这种家用电器，每天只需 1 度电，也就是 5 毛钱的费用，一个馒头的钱。"

4）将价格与价值联系起来。例如，"为您打造形象，只需花 20 元钱。"

5）把价格与产品的使用寿命结合起来。例如，"这辆自行车才 300 元，起码可以骑 15 年。您工作单位每个月都发给您 300 元的交通补贴，一个月就能购买一辆这样的自行车，您白骑 14 年不算，还白赚 14 年的交通补贴。"

2. 处理货源异议的策略

1）提供例证。提供企业资质证明、产品质量检测报告、获奖证书、知名企业的订购合同等材料，消除顾客疑虑，增强顾客信心。

2）强调竞争受益。充分的竞争，受益的将是顾客。增加进货渠道，顾客可以加以选择、比较，择优选购。增加进货渠道，能够降低购货风险，减少对特定供货商的依赖，增强购货谈判能力。

3）锲而不舍，以诚待人。加强联络，增进感情，消除顾客对推销员、产品、企业的偏见和疑虑。对于组织购买者，推销员可以与顾客建立起长期的、稳定的关系。当顾客经营管理遇到困难时，帮助其解决问题。

4）不要攻击竞争对手。一位推销专家曾经说过："一个成功的推销员不应贬低或诋毁竞争对手。否则，就等于暗示买主的判断力有问题。"

3. 处理购买时间异议的策略

1）货币时间价值法。"时间就是金钱。"拖延时间，浪费精力，就是浪费金钱。

2）良机激励法。"促销活动期间，价格优惠 20%；活动结束，价格恢复。""断码处理，如果您再犹豫的话，被别人买去就没有了。"

3）意外受损法。"最近天气突然变冷，咱们北方的菜大部分都遭了殃，咱们市场都是从南方长途运输过来的，再过两天，还要涨价。"

4）竞争诱导法。指出顾客的同行竞争对手已经购买了这种新产品，如果顾客不购买，将会在竞争中处于劣势地位。

■■■■ 任务演练

回答下列顾客异议，以演练处理顾客反对意见的各种方法。

顾客 1："我不能进你们昂贵的美容美发用具，我的顾客大多数是工薪阶层人士。"

顾客 2："不错，这是很漂亮的机型，但对我来说太复杂了，可能需要一名技术员来为我说明如何使用它。"

顾客 3："再度和贵公司往来，我确实有点担心，以前我们曾经上过你们的当，我不希望那种不愉快的事再度发生。"

顾客 4："当然，安全对我们来说是很重要的，但是我怎么知道你们的灭火器就如你所说的那么安全呢？"

学习情境二 秉承异议处理原则

情境导入

小刘是一名汽车推销员，他对各种汽车的性能和特点了如指掌。本来这对他推销是极有好处的，但遗憾的是，他喜欢争辩，当顾客过于挑剔时，他总要与顾客进行一番舌战，而且常常令顾客哑口无言。事后他还不无得意地说："我令这些人大败而归。"可是经理批评了他："在舌战中你越胜利，你就越失职，因为你会得罪顾客，结果你什么也卖不出去。"后来，小刘认识到了这个道理，开始变得谦虚了。有一次，他去推销大众牌汽车，一位顾客傲慢地说："大众？我喜欢的是本田牌汽车。大众你送我都不要!"小刘听了，微微一笑，说道："你说的不错，本田牌汽车确实好，该厂设备精良，技术也很棒。既然你是位行家，那咱们来讨论一下本田牌汽车怎么样？希望先生能多多指教。"于是，两个人讨论了起来。小刘借此机会大力宣扬了一番大众牌汽车的优点，终于做成了生意。

想一想：根据上述案例，你认为顾客异议处理的原则有哪些？

相关知识

（一）尊重顾客异议原则

1）不论顾客的异议有无道理和事实依据，推销员都应以温和的态度和语言表示欢迎。

2）善于倾听顾客的异议，不要轻易打断顾客讲话。

3）在提出对顾客异议的处理意见之前，可以沉思片刻，让顾客感觉到你很重视他的意见并经过了认真考虑。必要时，推销员可以简单概括和重复顾客异议。

（二）不争辩原则

争辩是销售的第一大忌，不管顾客如何批评，推销员永远不要与客户争辩，因为争辩不是说服顾客的好方法，正如一位哲人所说："您无法凭争辩去说服一个人喜欢啤酒。"与客户争辩，失败的永远是推销员。一句销售行话是："占争论的便宜越多，吃销售的亏越大。"因为与顾客发生争辩，很容易使顾客感到他没有受到应有的尊重。推销员取得争辩胜利的同时，很可能会导致推销失败。

（三）维护顾客的自尊原则

推销员要尊重顾客的意见，要给顾客留足面子。顾客的意见无论是对还是错，是深刻还是幼稚，推销员都不能表现出轻视的样子，如不耐烦、轻蔑、走神、东张西望、绷着脸、耷拉着头等。推销员要双眼正视顾客，面部略带微笑，表现出全神贯注的样子。并且，推销员不能语气生硬地对顾客说"您错了""连这您也不懂"，也不能显得比客户知道得更多，如"让我给您解释一下……""您没搞懂我说的意思，我是说……"。这些说法明显地抬高了自己，贬低了顾客，会挫伤顾客的自尊心。另外，更不要训斥、诋毁顾客，如果顾客没有听清楚你的解释或回答，重复问相同的问题，推销员不能不耐烦地说："我刚才不是告诉过你吗？"

（四）强调顾客受益原则

推销员要常常换位思考，从顾客的角度来处理顾客异议。顾客花钱购买产品，总是希望以最小的代价获取最大的利益。那么，推销员在处理顾客异议时，应强调顾客受益原则。这一点，与利益推销一致。

任务演练

分析以下情境，找到适宜的说法与做法，演练正确的销售情境。

推销员：王先生，这款漆您考虑得怎么样了？

顾客：嗯，我再看看吧。（注：顾客已经是第三次来了。）

推销员：这款漆我们现在卖得很好，库存也不多了，再考虑可能就没有了。

顾客：哦，我要跟我老婆商量一下再说……

导购：这么点儿事还要跟老婆商量吗？您做主就可以了嘛。

顾客：老婆在家里待的时间长，这个肯定要征求她的意见嘛……

导购：好吧，那随你。

顾客：……（注：顾客很不舒服地离开了。）

职业素质

学 会 倾 听

某电话公司碰到了一位对电话接线生口吐恶言的用户。他怒火中烧，威胁说要把电话连线拔起，他拒绝缴付电话费用，说那些费用是无中生有。他写信给报社，他到公共服务委员会做了无数次的申诉，也告了电话公司好几状。最后，电话公司派一位干练的调解员去会见他。调解员静静地听着，让那位暴怒的用户痛快地把他的不满一股脑地吐了出来，还不断地说："是的。"以表示同情他的不满，如此长达六小时之久。经过三四次的接触，那位用户变得有些友善了。调查员说："在第一次见面的时候，我甚至没有提出我去找他的原因。第二次、第三次也没有。但是第四次我把这件事完全解决了，他把所有的账单都付了，而且撤销了那份申诉。"

启　示 专心倾注于对你说话的人是非常重要的，这也是一种礼貌的表现，常发牢骚的人，甚至很不容易讨好的人，在一个有耐心和同情心的听者面前，也常常会被软化而屈服。

项 目 总 结

1) 顾客异议是指顾客对产品、推销员及推销方式和交易条件发出的怀疑、抱怨，提出否定或反对的意见。

2）对于顾客异议的类型，按发出异议的客观性、主观性分为真实的意见、借口、偏见；按发出异议的形式分为直接式、隐形式；按发出异议的原因分为需求异议、价格异议、产品异议、财力异议、权力异议、推销员异议、企业异议、购买时间异议和其他异议。

3）顾客异议根源从顾客方面分为顾客没有真正认识到自己的需求，顾客缺乏商品知识，顾客的偏见、成见或习惯，顾客有比较固定的购销关系，组织购买者的企业性质、经营机制、决策程序、购买习惯和其他原因。

顾客异议根源从推销方面有推销品方面的问题、推销服务方面的问题、企业方面的问题和推销员方面的问题。

4）顾客异议的处理方法有直接否定法、间接否定法、转化处理法、优点补偿法、询问处理法和忽略法。

5）处理顾客异议的策略有处理价格异议的策略、处理货源异议的策略、处理购买时间异议的策略。

处理价格异议的策略：先谈价值，后谈价格；多谈价值，少谈价格。

处理货源异议的策略：提供例证；强调竞争受益；锲而不舍，以诚待人；不要攻击竞争对手。

处理购买时间异议的策略：货币时间价值法、良机激励法、意外受损法和竞争诱导法。

练 习 题

一、简答题

1．如何理解顾客异议现象？

2．从顾客方面讲，顾客异议的根源有哪些？

3．处理顾客异议的策略是什么？如果是因为产品的价格问题而产生的异议，应该如何应对？

4．处理顾客异议的原则有哪些？

二、案例分析题

小刘是一家保险公司的业务员，他负责与中小企业公司谈生意。当他到企业去推销保险业务时，习惯性地总是以这样的话作为开场白：

"对不起，打扰您一下，我是×保险公司业务员小刘，请问总经理在吗？"

"总经理不在，出差去了。"

遇到这样的情况，小刘不得不说："好的，那我改天再来……"然后垂头丧气地离开。

小刘总结了自己推销失败的原因，于是在后来的拜访中，换了一种开场白。

"对不起，我是×保险公司来的，我姓刘……"

"总经理不在，出差去了。"

小刘事先已经想到会遭到这种拒绝，心里有了准备。于是马上说道："没关系，我想找咱们的××主任。"

"好的，您稍等下，我打个电话询问一下。"尽管总经理不在公司，但这样回答就轻易地打破了僵局，针对主任、科长也一样可以进行推销。

1．小刘为什么以前总会拜访失败？

2．小刘在总结了失败的原因后，在以后的拜访中成功的关键是什么？

三、实训题

1．两组学生进行产品异议处理模拟实训：一组学生扮演顾客提出若干异议，另一组学生扮演推销员运用所学的策略和方法进行正确的处理和解答。（可进行办公用品推销、美容产品推销、汽车推销、手机推销等。）

2．请为推销时出现的下列异议作出答复。

（1）因为现在有重要的客户要见，我们再约其他的时间吧！

（2）公司今年没有这方面的资金预算，我们可能不需要订购你们的产品。

（3）我猜以这件衣服的料子，穿上一定会很热。

（4）我们有固定的供货商，为什么要订购你们的产品呢？

（5）现在我们不想和你们公司谈生意。

（6）质量是不错，可是领导不在，别人做不了主。

项目五　成交缔结

学习目标

1. 知识目标

1）识别和灵活运用成交信号。
2）正确选择促成交易的方法。

2. 能力目标

能够正确识别和运用成交信号促成交易。

3. 职业素质目标

学生要增强服务意识，能够正确处理问题并促成交易；要树立实事求是的思想，做到童叟无欺、公平交易；要养成诚实、守信的推销工作作风。

任务一　识别成交时机

学习情境一　认知成交内涵

情境导入

甲、乙两个不同厂家的推销员，同时到某家工厂推销他们的阀门。客户让他们分别介绍自己的产品。甲推销员先介绍。他口齿伶俐，对产品介绍得很到位，厂家也显示出兴趣。介绍完之后，双方互相留下了联系方式。然后，他信心十足地对顾客说："这样，我留五天的时间供您考虑、决策。五天之后，我再来和您讨论订货事宜。"说完，就离开了。

五天之后，他再次来到这家工厂，准备这次拿下这个客户。与顾客洽谈之后，他大失所望，原来工厂早已与乙推销员代表的公司签订了购销合同。

想一想：甲推销员错失良机的原因是什么？

任务演练

顾客说："产品不错，我挺满意，但我现在还不想买，下次再说。"你如何劝服顾客进行购买呢？

相关知识

推销成交，是指顾客接受推销员的购买建议及推销演示，立即购买推销产品的行动过程。它是整个推销工作的最终目标。推销成交阶段是推销活动的关键阶段：其一是顺利成交；其二是成交失利。

推销专家海因茨·姆·戈德曼说："你不要单纯推销具体的商品，更重要的是推销商品的使用价值观念。"

学习情境二　识别成交信号

情境导入

一次，有一名推销商务通的推销员，拜访了一家公司的某位副总。推销员向客户展示产品，并介绍了商务通的多种用途，例如，可以把名片都存储进去，不需要随身携带。解说到这个地方的时候，顾客说："我的名片有好几盒，那得需要多长时间才能输完？"

一般推销员可能会把顾客的这个提问当作顾客异议，认为顾客嫌产品功能不适用、太麻烦，认为顾客在找借口，好推脱。而这名推销员不这么认为，他认为顾客的提问就是一个购买信号，他就采用假设成交法，向顾客试探性地提出成交要求："王总，您介不介意把您所有的名片让我带回去，我给您都输好？"

不料对方答应了。推销员就把名片带回家，连夜输完了。第二天，他带着已经输完名片的商务通及销售发票，再来拜访这位副总。生意成交了。

想一想：上述案例体现了推销员善于发现购买信号。那么，信号识别体现在哪些方面呢？

相关知识

（一）购买信号的内涵

推销员在什么时候作出成交提议比较好？一般应在顾客购买心理活动过程的确信阶段提出较为适宜。顾客对商品的认可，在推销洽谈过程中，是通过一系列或明或暗的购买信号表现出来的。

购买信号，是指顾客言行所表现出来的打算购买的一切暗示或提示，包括语言、动作、表情等各个方面。

美国一位心理学家经过研究得出一个等式：一个人表达自己的全部意思＝7%的措辞＋38%的语音语调＋55%的动作、表情。

例如，眉目传情。恋爱中的男女，他们察言观色的本事很高。双方的一举一动，对方都能明了，不需要专门通过语言来表达。相反，有时语言却是多余的，"此时无声胜有声"。

我们说顾客的心理活动对于推销员来说，是一个暗箱，不为我们所觉察。另外，在很多时候，顾客也不愿意让我们觉察到其真实意图。尽管如此，在交流过程中，顾客说话的口气、动作、表情，无时无刻不在透露出其内心的真实想法。关键在于，推销员有没有能力捕捉到顾客透露出的信息。因此，推销员要善于识别购买信号，察言观色，以便及时作出成交提议。

（二）信号识别

1．语言信号

（1）顾客提出问题

1）顾客问及产品使用方法和售后服务。

2）顾客重新问及推销员已说过的某个重点内容。

3）顾客询问交货时间及手续。

4）顾客用其他公司的产品、交易条件与自己的产品和条件相比较。

5）顾客问及商品的市场反应或消费者的意见。

6）顾客索取产品说明书或样品。

有时，顾客的购买信号会采取反对意见的形式表现出来。推销员应该注意：顾客以反对意见形式表现出的购买信号，往往预示成交很快就要到来。例如，"真有很多人购买这种型号的产品吗？""这种材料真的经久耐用吗？""你能确保产品质量吗？"

对于顾客提出的问题，推销员最好的应对策略可能是反问。通过反问，推销员可以进一步、更为准确地探测顾客的需求和想法。如果推销员的反问得到顾客积极的回答，就表明顾客有着极大的购买兴趣。以反问方式回答顾客提出的包含购买信号的问题如表5-1所示。

表 5-1　以反问方式回答顾客提出的包含购买信号的问题

顾客提问	推销员回答（反问）
价格是多少？	您要买多少？
你提供哪些交易条件？	您想要哪种交易条件？
什么时候能交货？	您想要什么时候交货？
我要订购多少才能获得优惠呢？	您有意买多少？
你们有8英寸、12英寸、36英寸及54英寸的管子？	贵公司常用这种型号的管子吗？

（2）征求别人的意见

例如，我们自己在购物时经常发生这样的情形：几个朋友一起去购物，其中某个人对商品产生兴趣时，他会征求身旁其他人的意见："你看，这个怎么样？"

再如，在某个大商场某个品牌的服装柜台前，销售员问试穿的男士："先生，您觉得这件衣服合适吗？"丈夫觉得还行，没有反对意见，就转过去问妻子："老婆，你看怎么样？"

2. 表情信号

一旦顾客决定了要购买产品，洽谈中的那种紧张感就被解除，先前焦虑的神态就变得轻松自然。因为顾客已经信任了推销员和产品，从决策中的不稳定状态变为已拿定主意的稳定状态。

3. 行为信号

（1）仔细检查商品

顾客仔细检查商品，就表示他打算购买这个商品了。这时，推销员可提出成交建议："您觉得还满意吧？"

（2）拿起订货单

顾客主动拿起订货单，或向你要合同，或要你开发票，这时成交时刻到来了。这正是我们希望看到的。

推销员要善于识别购买信号，把握最佳成交时机，克服恐惧感，培养正确的销售心理，关键时刻亮出"王牌"，作出最后的推销努力。

任务演练

针对表 5-1 中的顾客提问，同学之间讨论推销员的回答还有哪些。

学习情境三　善用成交方法

情境导入

长途汽车站、火车站售票窗口一般会有一张大的字条："保险自愿，不买请声明。"乘客会觉得这句话，很别扭，为什么不说"保险自愿，要买的请声明"？因为推销语言组织，不同于写作文，强调语言通顺、符合逻辑；推销的逻辑就是要扩大销售、多获利。乘客的购买习惯一般是随大流，不愿搞特殊化，也不想多说话，很容易将钱递进去。那么，售票员递出的就是车票连同保险单。不声明，就视同自愿购买。

想一想：上述案例即采用了假设成交法，无形中促成了交易，你还知道其他成交方法吗？

相关知识

成交方法如下：

（一）直接成交法

直接成交法，即推销员直截了当地提议准顾客购买推销品的方法。

案　例

美国谈判和推销专家麦科马克在《哈佛学不到》这本畅销书中，给我们讲了一则故事。麦科马克有一个朋友，担任一家大公司销售部门的经理。这位销售经理在私下，经常穿一件很滑稽的绿颜色的西装。麦科马克问他原因，他就讲了这件西装的来历。

一次他逛街，随便进了一家服装专卖店。推销员是一位热情、大方的年轻小伙子。小伙子为他挑选衣服，一件一件试穿，并逐一讲解，语言很有感染力。在试穿一件绿颜色的西装（也就是现在穿在身上的这件）时，销售经理仔细观察这位推销员，只见小伙子非常自信，围着销售经理转了一圈，然后语气坚定地说："好，就这件！"

好一个"好，就这件！"，身为大公司销售部门的经理，在销售领域见多识广，尽管衣服本身并不看好，但被眼前的这位年轻人深深地折服了，毅然购买了这件具有纪念意义的、滑稽的、绿颜色的西装。好用来告诫自己和自己的员工：自信及有效的推销技巧是何等的重要。

"没问题吧，我给您开票啦。"我们经常听到商场的推销员如是说。这就是直接成交法。

直接成交法适用于下列情形：老顾客；理智型顾客；推销员觉察到顾客喜欢产品；推销员对达成交易充满自信；把顾客的思路引导到购买问题上来；其他成交法未获成功，把直接成交法作为最后的尝试。

（二）假设成交法

假设成交法，即推销员在心中假设顾客肯定会购买商品，然后向顾客询问一些关键性问题来结束销售。询问的问题不应是关于商品本身的问题，而应是涉及如何交货、付款、保修及保管产品等，或是着手写订货单、开发票等。

案 例

美国一家大的石油公司聘请一位销售专家做顾问。销售专家到加油站考察。加油站的员工手里拿着油枪，对前来加油的汽车司机说："先生，加多少？"销售专家说："停，你这种问法不对。应该说：'先生，给你加满吧？'

司机开车来加油站，就是来加油的，不是来买汽水的。你尽管大胆地对他说：把油箱加满！

推销员始终要有这样的信念：我推销的产品是物超所值的，我的推销能力是最棒的，顾客一定会购买产品。有了这种自信，推销员在与顾客的接触中，就会占据主动。只要顾客透露出一丝购买信号，推销员即可发动攻势，提出成交假定，如果顾客不反对，买卖就成了。

案 例

在一次产业用原材料推销中，推销员重点讲述了原材料质量好这一优点。对产品介绍完之后，问顾客："我想，贵工厂的工人一定喜欢用质量好的原材料。"

顾客说："是的。"

推销员说："那我什么时候给您发货？"

假设成交法，特别适用于老顾客的推销。推销员与顾客很熟悉，对顾客的情况比较了解，可以直接将填写好的订货单递给顾客："这是将要发给您的货物。""这是本月您需要的货物。"

（三）选择成交法

选择成交法，即推销员向准顾客提供两种或两种以上购买选择方案，并要求其迅速作出抉择的成交方法。

> **案　例**
>
> 有一位推销员在外面跑业务，中午吃饭的时间到了，他来到一家面馆，让老板给他煮一碗面条。他坐下来，随手拿一份报纸边看边等。只听见老板对他说："先生，是要一个鸡蛋还是两个鸡蛋？"
>
> "一个就够了。"他想都没想就回答了。话音刚落，只听见"咔嚓"一声，老板在下面条的同时，给他炸了一个荷包蛋。过了一会儿，老板把面条和荷包蛋一起端了上来。推销员吃着面条，咬了一口荷包蛋，感觉很纳闷："咦？奇怪了。我好像没要荷包蛋，怎么硬是点了，还吃了呢？"他这才回过神来。"我这个自命不凡的推销员遇到更高的推销高手了。"那就是这个面馆的老板。这就是选择成交法。

推销员向顾客提问，不应使用容易遭到顾客拒绝的提问方式，如"你买不买？"或"你要不要？"顾客很可能脱口而出"不买""不要"。推销员应问顾客："要多还是要少？""要这种款式还是那种款式？"无论顾客怎样选择，推销员都把产品卖了出去。推销员应当根据推销的具体情形，预先仔细地对提问进行设计。

运用举例：TCL 公司要求商场柜台的电视机销售人员在看到有顾客过来时，这样提问："先生、小姐，您是要看 25 英寸的，还是要看 29 英寸的？"

（四）总结利益成交法

总结利益成交法，即推销员在推销洽谈中记住准顾客关注的主要特色、优点和利益，在成交中以一种积极的方式成功地加以概括总结，以得到准顾客的认同，并最终取得订单的成交方法。

总结利益成交法的优点很突出：将推销过程由产品解说、利益介绍等前期阶段有效地向成交环节推进。因此，该方法在实务中很受欢迎。

美国施乐公司培训中心的埃米特·里根说，他们传授的大多数成交方法是由总结利益成交法的三个基本步骤组成的：推销洽谈中确定顾客关注的核心利益；总结这些利益；作出购买提议。

> **案　例**
>
> 假定在推销洽谈中，准顾客（一位商店女经理）向推销员暗示了她对产品的毛利率、交货时间及付款条件感兴趣。以下是他们之间的对话：
>
> 推销员：张小姐，您说过您对我们较高的毛利率、快捷的交货及付款方法特别偏

爱，对吧？（总结利益并试探成交）

准顾客：我想是的。

推销员：随着我们公司营销计划的实施，光顾贵商店的顾客就会增加，该商品的销售必将推动全商店的销售额超过平常的营业额，我建议您购买（描述产品和数量）。下两个月内足够大的市场需求量，必将为您提供预期的利润，下周初我们就可交货（等待顾客的回应）。

（五）连续点头成交法

连续点头成交法，与总结利益成交法有类似之处，即推销员不直接总结产品的利益，而是提出有关利益的一系列问题让准顾客回答的成交方法。

案 例

推销员：张小姐，您说您喜欢我们优质的产品，对吧？

顾客：没错。

推销员：而且也喜欢我们快捷的交货方式，是吧？

顾客：是的。

推销员：您对我们较高的毛利率和付款条件也很喜欢，是这样的吧？

顾客：没错。

推销员：张小姐，我们的产品优质、交货快捷、付款条件优厚、利润高将为您提供额外的附加价值，必将招引大量的顾客光顾您的商店，我建议您购买（描述产品和数量）。下两个月内足够大的市场需求量，必将为您提供预期的利润，下周初我们就可交货（等待顾客的回应）。

（六）从众成交法

从众成交法，即推销员利用从众心理来促成准顾客购买推销品的成交方法。例如，"这是今年最流行的款式。"推销员说这句话有时是真的，有时是他编造的，以增强顾客的购买信心。因为一般人都有赶时髦的心理，谁都不愿落在时代的后面。

（七）最后机会成交法

最后机会成交法，即推销员向准顾客暗示最后成交机会，促成立即购买推销品的成交方法。例如，"这种型号货物的库存已经不多了，请您抓紧时间。""今天是展销会的最后一天，展销会结束后，您只能以正常价格购买这种商品了。""跳楼大削价，最后三天。"

（八）优惠成交法

优惠成交法，即推销员利用优惠的交易条件来促成顾客立即购买推销品的成交方法。此方法强调优惠的成交条件，以此吸引顾客成交，如价格、运费、折扣、现金（购物券）返还、赠品等。优惠成交法与最后机会成交法结合起来使用，威力更大。例如，"国庆（五一劳动节、元旦、春节）促销，活动期间，价格下调 20%。活动结束，价格恢复。"

（九）小点成交法

小点成交法，即推销员从利益交易活动中的次要方面来间接促成交易的成交方法。如果推销员一开始就向对方提出较高的要求，会把对方吓跑。推销员的策略就是，从小处着眼，一口一口将对方吃掉。

案　例

国外有位汽车销售高手，顾客上门看汽车，他从来不这样问顾客：先生、小姐，您要不要汽车？他的做法是，预先设计一张表格，表格分项描述汽车的特征。当有顾客前来光顾时，他就拿出这张表格，一项一项地询问顾客：您是要红色的，还是黑色的？红色的，打个勾；您是要排气量大的，还是小的？排气量大的，打个勾；您是要有音响的，还是没有音响的？有音响的，打个勾……问完了之后，就把顾客带到符合这些条件的汽车面前，说："这就是您要买的汽车。"这就是小点成交法，也是化整为零的手法。

（十）保证成交法

保证成交法，即推销员直接向顾客提供成交保证来促使顾客立即购买产品。有时候，顾客因对交易条件不放心，担心质量问题、技术问题、价格过高等而不敢下购买决定。推销员应为顾客提供保证，解决顾客的后顾之忧。例如，"王经理，您放心购买我们的设备，我们为客户提供十年的保修期，并应顾客的要求随时提供各种技术服务。""刘厂长，您放心购买我们的产品，我们提供优惠价格，保证我们的价格是全行业最低的。如果您购买后发现有其他地方比我们的价格更低的，我们将退回超过部分的款项。"

任务演练

根据下面的猴子爬树的故事，讨论猴子的做法在成交时有哪些错误。

森林里，住着一群猴子。

有一天，有两只猴子走出居住地，让一名猎人发现了。那猎人便拿枪追赶那两只猴子。第一只猴子看到猎人赶来，便转身一跳，跳上了一棵大树。

而另一只猴子在犹豫不决："到底要怎样才能显示我的神通，怎么跳才是最好看的呢？"

在它犹豫不决时，猎人已瞄准朝它开了一枪，猴子当场毙命。

任务二 把握成交时机

学习情境 成交三原则

情境导入

一个卖中文电脑记事本的女孩去拜访一位公司经理，她向经理推荐和介绍了她的产品，并拿出产品向这位经理做了演示。这位经理接过她的产品在手上摆弄了半天，很喜欢。过了一会儿，这位经理说："我有几本名片簿，要把这些名片信息输进电脑记事本中，需要多长时间？"

想一想：经理这句话的含义是什么？

相关知识

（一）主动

推销员要主动向顾客提出成交要求。美国施乐公司董事长曾经说过："推销员提出成交要求，与射击中的扣动扳机一样。如果你瞄准了目标，最终没有扣动扳机，目标瞄得再准，也是毫无意义的。"

有很多推销人员与顾客联系得非常紧密，产品解说得也非常好，就是不知道或不敢向顾客提出成交要求。一项调查结果显示：有71%的推销员未能及时地向顾客提出成交要求。

推销员没有向顾客提出成交要求的原因，是他们脑海里有两个错误观念。

1. 如果顾客需要商品，他们会主动提出来

> **案 例**
>
> 某个推销员推销工业用产品，与某个工厂的供应部门连续联系了几个月，不停地跑，最后终于获得了客户的订单。
>
> 生意谈成之后，他跟客户聊天，问客户："为什么你们拖了这么久才下订单？"
>
> 客户不经意的回答令他吃了一惊。"今天，是你第一次提出来要我们订货。"
>
> 事实上的情况是，即使顾客需要产品，他们也不会主动提出成交要求，而是等待推销员提出成交要求。

一位推销专家曾经这样风趣地说过："推销员等待顾客提出成交要求，就像等待一群在外吃草的牛自动回家一样。"

在直销情况下，只有3%的客户会主动向推销员提出成交要求，其余97%的顾客需要推销员请他们购买。

2. 推销工作是求人买商品

推销员工作很卖力，一次次登门拜访顾客，一次次有礼貌地与顾客告别，就是不敢把自己的真实想法告诉顾客，让顾客下订单，把成交要求一直憋在自己心里。

他们害怕被顾客拒绝，心想要是提出成交要求，被顾客拒绝了，怎么办？推销员从事的工作，不是求人办事、求人买商品的工作，而是满足顾客需求的工作。

一位推销专家说："如果推销员树立了为顾客服务的思想，将推销商品与为顾客解决实际问题结合起来，那么推销员向顾客提出成交要求，就是非常自然的事了，不会再犹犹豫豫、支支吾吾。"

（二）自信

推销员要以大胆、自信的口吻向顾客提出成交要求，不可支支吾吾、犹犹豫豫、吞吞吐吐。

自信是具有传染力的，当推销员自信时，顾客也会坚定购买的信心。正如美国十大推销高手之一的谢菲洛所说："成交的最后关头，自信是绝对必要的成分。"

> **案　例**
>
> 有一位从事设备推销的推销员，他上周刚拜访了一家单位的老总，双方洽谈的效果还不错。这天上午，他在办公室准备材料，打算下午再去拜访那位老总，心里盘算这次要不要提出成交要求。想提出来，又有点不敢。要是遭到对方拒绝，一笔大生意就会失败，很不甘心，一个人就在那里犹豫不决。这个时候，他接到正在上小学二年级的儿子打给他的电话："爸爸，中午给我买一支铅笔回来。"说完就把电话挂了，容不得你和他商量。他儿子这么干脆的要求，深深地感染了他，也使他明白了其中的道理。他想下午的事情好办了，就照着儿子命令自己的口气去谈生意，让对方签合同。下午，他信心十足，与老总进行了实质性的谈判，并提出成交请求，终于如愿以偿。

（三）坚持

有很多推销员在向顾客提出成交要求，遭到顾客拒绝后就放弃了。例如，有的推销员拜访了某位顾客，向顾客提出成交要求后，顾客说："我现在不想买。""你们的东西太贵了，我没钱。""你们的产品不好，我不喜欢。"推销员听到这类顾客拒绝的话之后，就会离开，匆匆忙忙去敲下一位顾客的门。他们想象中的顾客是那种直爽、理智的人，认为只提出一次成交要求就够了，不需要啰啰唆唆、浪费口舌。持这种观点的推销员还很多。据统计，有64%的推销员没有多次向顾客提出成交要求。很显然，他们的观点是错误的。

美国有研究表明，推销员在获得顾客订单之前，平均要出现六次的否定。也就是说，推销员没有六次的坚持，也就不会有第七次的成功。而一次提出成交要求，就能成交的比例只有10%。胜利往往就在再坚持一下的努力中。

坚持不懈，不是死缠烂打、揪住不放，要讲究策略。我们介绍产品，不要把产品的优点一口气全部介绍完。可以采取这样的策略：

介绍产品的第一项优点：我们产品的质量很好。得到顾客的证实：顾客说"质量不错"；提出成交要求："那您这次是买 5 件，还是买 10 件？"顾客同意，OK；顾客拒绝，说："我还没有考虑好。"装作没听见。

接着介绍产品的第二项优点：我们产品的功能齐全。得到顾客的证实：顾客说"功能很多"；提出成交要求："那您这次是买 5 件，还是 10 件？"顾客同意，OK；顾客拒绝，说："我还没有考虑好。"装作没听见。

几轮下来，成交的可能性就大大增加。

总结：推销过程中需要主动、自信、坚持。

推销员要明白：顾客说"明天或下次再与我们联系"，只是他的一个借口。不能错过今天，错过今天，就会错过永远。

顾客的购买决策是一个情绪过程，是在兴奋、冲动的心理条件下作出的。今天，你费了很大的劲，好不容易使顾客兴奋起来；到了明天，顾客心情冷却下来，他可以找出很多的理由来拒绝购买你的产品。这样，不仅今天的努力全部付诸东流，顾客有了这样的经历，下次的劝说难度会更大。

 **任务演练**

教师搜集相关资料，进行促成交易情境表演。

1）将全班同学分组，每组 5～7 人。

2）分发资料。

3）以小组为单位，利用教师所给的资料进行讨论。

4）学生扮演不同身份，分别利用两三种方法促成，自编自演情境小品剧，并在小组内进行表演。

5）向全班同学演示。

职业素质

诚实守信经营

一个顾客走进一家汽车维修店，自称是某运输公司的汽车司机。"在我的账单上多写点零件，我回公司报销后，有你一份好处。"他对店主说。但店主拒绝了这样的要求。顾客纠缠说："我的生意不算小，会常来的，你肯定会赚很多钱！"店主告诉他，这事无论如何也不能做。顾客气急败坏地嚷道："谁都会这么干的，我看你是太傻了。"店主怒了，他要那个顾客马上离开，到别处去谈这种生意去。这时顾客露出微笑并满怀敬佩地握住店主的手："我就是那家运输公司的老板，我一直在寻找一家固定的、信得过的维修店，你还要我去哪里找这笔生意呢？"

启　示 面对诱惑，不怦然心动，不为其所惑，虽平淡如行云，质朴如流水，却能让人领略到一种山高海深。这是一种闪光的品格——诚信。

项 目 总 结

通过日常销售情景的演练,使学生自己观察和捕捉可能的成交信号,再次加深印象,避免出现浪费大好时机、前功尽弃的销售结果。让学生知道机不可失,失不再来,抓住每一个成交信号主动提出成交请求。

任何销售技巧在真诚面前都黯然失色,把客户当成朋友,欲取先予。推销员具备心智模式、高尚的人格才会扩大人脉。用心对待客户,如果客户被你感动,那么它胜过任何成交方法。

练 习 题

一、讨论题

1. 推销员跟你说"您买不买?""您还不能作出购买决定吗?"你有什么反应?

2. 客户为什么能成交?成交的关键是靠心还是靠技巧?

二、案例分析题

光华公司推销员李峰来到大明公司推销饮水器,见到大明公司王经理,出示了产品说明书后,李峰说:"王经理,这种冷热饮水器目前在一些大城市非常流行。特别适合大公司的办公室使用。既方便、实用,又能增添办公室的豪华气派和现代感。像与贵公司齐名的××公司、××公司等,办公室里都换上了这种饮水器。""您现在要考虑的是需要哪一款,xⅠ呢还是xⅡ?要多少台?我们什么时候送货?"说毕,又拿出全套的说明书给王经理。王经理接过资料,仔细阅读后,笑着说:"先要三套xⅡ型的吧!"

在上述案例中,推销员李峰采用了哪些成交方法?

三、实训题

1. 暗送秋波、不解风情的销售情境模拟:语言信号、表情信号、行为信号。

2. 指出下面的例子使用的是什么成交方法。

(1)推销员推销某种化妆品,在成交时发现顾客露出犹豫不决、难以决断的神情,就对顾客说:"小姐,这种牌子的化妆品是××明星常用的,她的评价不错,使用效果很好,价钱也合理,我建议您试试看。"

（2）一位推销员对顾客说："对于我们的产品您可以放心，我们的产品，在售后三年内免费保养和维修，您只要拨打这个电话，我们就会上门维修的。如果没有其他问题，就请您在这里签字吧。"

（3）"这种裤子每条卖60元，如果您买三条的话，我再送您一条。"

（4）"刘厂长，既然您对这批货很满意，那我们马上准备送货。"

（5）一名推销员到顾客的单位推销化工产品，他认为所推销的产品，价格合理，质量很好，断定顾客非买不可。所以，在见到顾客寒暄了几句之后，就把话题转到化工产品上来，立即就问："老王，我是先给你送50吨，还是100吨全部送来？"

（6）"江经理，既然没有什么地方不满意的，那就请在这里签个字……"

（7）"吴厂长，先要5吨、10吨还是20吨？"

项目六　销 售 跟 进

学习目标

1. 知识目标

灵活熟练地运用销售跟进的方法和技巧。

2. 能力目标

利用所学知识能够准确快速地找到销售跟进的方法，能做到有效维系老客户，成功跟进新客户，达到快速捕捉有价值信息的能力。

3. 职业素质目标

学生要养成善于观察时机跟进销售的习惯，培养抗挫折能力，要相信自己的能力，提升自信，能够进行自我激励。

任务一　与客户道别

学习情境　成交时的道别技巧

情境导入 ////

推销员小王经过一番艰苦的努力终于与客户达成了交易，客户在订单上签了字。小王终于松了一口气，便同客户闲聊起来。由于心里高兴，不免夸夸其谈，谈兴正浓，客户突然又提出一个问题，认为合同中立即付款的约定不太恰当，要求改为延期付款。小王认为合同都签了，本来已经谈妥的事情不可以反悔，但客户不依，坚持要改，没有办法，只好同客户再一次讨价还价，洽谈又回到了起点。事后小王对此懊悔不已，觉得是自己犯了本不该犯的常识性错误。

想一想：上述案例说明了在推销过程中推销员要掌握成交或未成交时的道别技巧，这些技巧包括哪些内容呢？

相关知识

（一）成交时的道别技巧

有的推销员和客户达成交易后就喜形于色，有的推销员和客户达成交易后就急匆匆离去，这些做法都没有顾及客户的感受，会给客户留下不好的印象，以至于推销人员前脚刚出门，客户就后悔签订了合同，那些勉强作出购买决定的客户更是有一种惊恐不安的感觉。

1. 表示谢意

交易达成之后，应对客户表示礼貌性的谢意，但这种表示必须掌握分寸。过分的谢意会让顾客生厌甚至对交易产生怀疑的态度，表示得不够又会让客户感到推销员太傲慢。因而表示谢意要有一定的限度，既没有必要表现得感激涕零，也不应冷冷地纯粹是一种礼貌。

2. 给予赞许

最适当的方式是赞许客户作出购买的明智之举，从心理学上讲，人们对他人所表示的那种对其行为加以积极肯定的言语总是乐于接受的。得体的赞美，必定会引起客户内心的喜悦和共鸣，从而对推销员产生好感。

3. 诚挚解难

推销员在向客户告别之前，为了表示对成交的负责和客户利益的关心，应主动向客户保证，愿意随时解答客户所提出的疑问，解决客户所遇到的困难。诚挚解难使得与客户的关系更进一步，为日后的追加销售提供良好的条件。

4. 主动告辞

不要等到客户已经不耐烦的时候，才起身告辞，那样会显得很被动、很尴尬。通常推销员在向客户保证售后的良好服务后，就可以向客户主动辞别，而不应该由于这笔生意的谈成，找茬儿与客户攀谈不休。这样不但会影响客户的正常生活，还有可能因言多必失，导致客户出现反复，从而影响成交。

（二）未成交时的道别技巧

在实际推销活动中，达不成交易的情况是很常见的。推销员面对成交失利，大可不必气馁沮丧。这一次失败，不代表永远失败，经过努力，这次失败也许是下次成功的开始，现在只是机会未到。换句话说，客户也许现在不需要这种产品，但不代表以后不需要，当客户以后需要此产品时，首先能想到某推销员，就是该推销员的成功。因此，推销员在推销未成功时，更要注意道别的技巧。

1. 坚定乐观

推销员应在成交失利的情况下，仍能保持坚定的信念与乐观的态度。应当认识到，成交失利是很常见的，原因也很复杂。有些可能是推销员主观原因造成的，也有些可能来自推销员之外的客观因素。对于成交失利，推销的自我反省固然必要，但不应该由此自暴自弃，应当有一股永不气馁的自信力量，即坚定的信念与乐观的态度。只有这样，才能在与客户道别时表现出稳健、持重、坦荡的言行举止。

2. 创造形象

对于一些优秀的推销员来说，尽管处于成交失利的劣势，但善于利用与客户道别的机会，通过合适得体的言语，来冲淡成交失利的被动局面，从而为推销员本人塑造出美好的形象，为以后的跟进回访排除障碍。

3. 询问失败的原因

成交失败后，可以向客户询问失败的原因，以及学习竞争对手的成功经验。如果推销员能诚恳地向客户提出这些问题，而且与客户之间建立了良好的人际关系，就可能会获得很多有益的反馈信息。这些反馈信息对以后的成交而言，将是无价之宝。

4. 请求推荐

不论交易达成与否，推销员在与客户道别之前，都可以请求客户推荐其他客户。在顺利成交的情况下，推销员请客户推荐其他客户的心情多半较放松，因为应酬、寒暄的用意居多。但是，在未能达成交易的情况下，推销员的心情往往比较严肃、认真，客户出于歉意也会认真对待。因而通过未成交时的请求推荐，可以弥补推销员因成交失利而招致的损失，节省寻找可能成交的客户所付出的费用和精力，减少与新客户面谈时可能会出现的障碍或阻力。

任务演练

作为一名新入行的建材产品推销员，小张的主要工作是开发客户。他负责的区域是杭州城内各建材市场，经过近一个月的扫街，小张对杭州市区几大建材市场基本有所了解，自己信心满满。

第二阶段的重点拜访开始了。小张按事先制订的客户拜访计划顺利进行，每天都在外面奔波。几周后，与计划中的重点客户前期接触比较顺利。今天，小张拜访计划最有可能谈下来的客户——省二轻装饰材料市场的方老板，准备签订合同。到达二轻市场方老板处后，小张与方老板寒暄一段时间，便把话题引到签订经销合同上来。出乎意料的是，方老板一口回绝："小张，你人不错，我很欣赏。但今年不会经销你们的产品，前两天刚进了一批'中材'的产品，他们的东西跟你们类似，但知名度更高，好卖。你也知道，我这儿仓库不大，进了'中材'的货，就没地方放其他产品了。而且，我也没有多余的资金了。"

小张没有思想准备，不知如何处理，只好尴尬地一笑。谈话气氛顿时冷了下来。一会儿，小张匆匆告辞离开。

1）如果你是推销员小张，在上述情形下，应该如何与客户道别？
2）分组进行角色扮演，每组安排一名学生扮演客户，其余轮流扮演推销员小张。演练完毕后，讨论哪位学生的道别效果最好，并说明原因。

任务二 产品售后

学习情境 加强售后服务

情境导入

一个星期五下午两点，一位德国经销商史密斯先生打来电话，要求海尔两天之内发货，否则订单自动失效。要满足客户的要求，意味着当天下午货物就要装船，而海关等部门五点下班，因此时间只剩下三个小时。按照一般的程序，货物当天装船根本无法实现。

海尔员工的销售理念是："订单就是命令单，保证完成任务，海尔人决不能对市场说不。"

于是，几分钟后，船运、备货、报关等工作同时展开，确保货物能按客户的要求送达。一分钟、两分钟、十分钟……时间在一秒一秒地逝去，空气似乎也变得凝固起来。执行这项任务的海尔员工全部行色匆匆，全身心地投入与时间的赛跑中。

当天下午五点半，海尔员工向史密斯先生发出了"货物发出"的消息。史密斯了解到海尔发货的经过后，十分感动，他发来一封感谢信说："我从事家电行业十几年，从没给厂家写过感谢信，可是对海尔，我不得不这么做！"

想一想：企业开展售后服务的目的是什么？

🔍 相关知识

（一）认知产品售后政策

售后服务，就是在商品出售以后所提供的各种服务活动。从推销工作来看，售后服务也是一种促销手段。在追踪跟进的阶段，推销员要采取各种形式的配合步骤，通过售后服务来提高企业的信誉，扩大产品的市场占有率，提高推销工作的效率及效益。售后服务是企业对客户在购买产品后提供多种形式的服务的总称，其目的在于提高客户满意度与忠诚度。

1. 售后服务的内容

不同的商品售后服务的具体内容各不相同，但通常情况下，企业提供的售后服务包括以下几点。

（1）企业技术咨询服务

这是为了解决客户使用新产品时遇到的种种技术难题而提供的服务项目。提供业务技术咨询服务，在于主动向用户提供必要的技术数据、产品性能及使用说明。

汽车推销大王吉拉德在将汽车卖给客户数周后，就从客户登记卡中找出对方的电话号码，开始着手与对方联系："以前买的车子情况如何？"白天打电话，接听的多半是购买者的太太，她们大多会回答："车子情况很好。"吉拉德接着说："假使车子振动厉害或有什么问题的话，请送回我这里修理。"并且请她们提醒自己的丈夫，在保修期内送来检查是免费的。

（2）质量保证服务

通常对于大件、高档产品，客户购买后特别担心的就是产品的质量问题。应该肯定，客户买一件高档耐用消费品并不容易。因为任何在使用后发生的产品质量问题，如果得不到妥善的解决，都会令客户沮丧、抱怨甚至投诉。提供产品质量保证服务，使客户在产品出现质量问题时，能够及时得到检修或予以退换。这种服务可以弥补由于个别产品的质量问题而造成的不良影响，从而树立良好的企业信誉。

（3）安装调试服务

对于大件设备和技术复杂的高档消费品，企业应负责安装调试，这项服务是结束商品销售的必要前提。

> **案　例**
>
> 　　上海机床厂出售给日本东京筱原制作所一台螺丝磨床，由于日方操作人员对机床结构不熟悉，致使传动机构出了故障而不能排除。当该厂收到东京的来电后，马上派有关人员赴日本，仅仅花了两个小时的时间，就排除了故障，后来又为筱原制作所培训了操作人员，获得了用户的好评与信任，对方主动提出要加强联系与合作。由于该厂重视售后服务，产品跻身于美国、西欧、加拿大、日本等市场。

（4）零配件供应服务

不少产品结构复杂，零部件也多，在使用中更换某些部件是正常的。有些产品部件为耗材，如打印机需要硒鼓或墨盒等，需要定期更换。针对这些零部件、耗材，推销员应对每一个客户进行详细记录，制订服务计划，预计客户需要更换时，及时与客户联系。此外，由于产品更新换代快，常常因厂家转产而使用户购买不到零配件。从企业信誉出发，在转产之后，也应该向用户提供老产品零配件的供应服务，以解除客户的后顾之忧。

（5）网店维修服务

这是售后服务的重要内容。著名的奔驰汽车公司在德国有 89 家分厂，1244 处维修点，共有 5600 名工人从事保养和维修工作。据该厂统计，车子出了故障，不出 25 公里就可以找到一处维修点。如果车子抛锚，只要向就近的维修点打电话，维修点就会派车来维修或拉到车间随到随修，一般均能当日修好。该公司在国外的 171 个国家和地区，也设有 3800 处维修点，负责销往国外车辆的维修工作。

（6）技术培训服务

技术培训服务就是为用户培训操作管理技术人员的服务。通过对用户的技术培训，帮助用户增强使用产品的技术力量，同时也可以从用户那里收到具有一定价值的反馈信息。

现代理念下的售后服务不仅包括产品运送、安装调试、维修保养、提供零配件、业务咨询、客户投诉处理、问题产品召回制、人员培训及调换退赔等内容，还包括对现有客户的关系营销，传播企业文化，如建立客户资料库、宣传企业服务理念、加强与客户接触、对客户满意度进行调查、信息反馈等。

2. 售后服务的原则

1）树立顾客第一的原则。

2）以法律、法规及其他规定为准则，以事实为依据。

3）坚决维护企业的整体形象。

3. 售后服务体系的作用与特性

1）售后服务是买方市场条件下企业参与市场竞争的利器。

2）售后服务是保护消费者权益的最后防线。

3）售后服务是保持顾客满意度、忠诚度的有效举措。

4）售后服务是企业摆脱价格大战的一剂良方。

5）售后服务是企业可持续发展的必然要求。

所以，企业自主建立独立的售后服务体系，是大势所趋。

4. 建立售后服务体系的大致步骤

（1）筹备阶段

在售后服务体系建立前期，需要做大量的筹备工作，也就是为建立良好的体系做好基础的准备和保障工作，其中包含产品定位、成本核算、风险评估、销售策略及发展方向。

售后服务体系必须建立在良好的运营情况之下，销量是基础条件。

（2）组织阶段

在基础条件达到的情况下，在组织建设体系的阶段就需要为前期运营做好准备。

1）通过部分数据分析市场分布，大致拟订初期目标市场，有针对性地优先建立售后服务部分网点。

2）详细评估网点建设及产品质量有可能会产生的成本及风险，将其归入产品成本（包含人力成本）。

3）拟订网点建设模式、合作模式及区域代理标准。

4）详细分析并过滤洽谈方式，并将相关资料整理成册，拟订专业话术，培训业务员，开展初期的商务接洽。

（3）运营阶段

1）成立独立的话务专线（提供全方位的包括产品设计、技术、售后服务等与企业或产品相关的专业咨询）。

2）通过组织阶段初期的商务接洽，继续优化洽谈条件，合理考虑及分配资源，以满足促进合作的条件。

3）根据初期商务接洽的结果，总结并持续开发拟订待开发区域网点，在此过程中不断总结并汇总已开发区域网点的联络方式、地区及规模概述。

4）优化提高雏形体系服务质量及工作模式，提高工作效率（重点协调公司售后中心与网点之间的快速反应机制）。

（4）商务拓展

当售后服务体系建立成熟后，可以利用已有资源多元化的应用体系进行商务拓展。

1）发展网点使其成为我们的区域代理商，亦可自行开发区域代理。

2）利用"太阳伞"式的体系网点分布特性，开发商务合作途径，多元化地经营多种产品售后服务。

3）发展后期可利用已有成熟网络及多元化的商务合作自行组织物流体系（在销售稳定、网络成熟及产品多元化的情况下，企业后期本身就应该自行发展物流体系，这属于企业整合产业链的必经过程，也是优化成本、拓展利润途径的方式）。如果组建物流体系初期考虑与物流公司合作，便可以掌握产品汇总的主动权，进而在后期自行组建网络涉足物流行业。

4）售后服务体系较成熟以后，可以与生产型企业合作，为其提供优质的售后服务保障，在产生利润的同时，可以在物流产品汇总的环节掌握主动权——成立专业的以售后服务为中心的服务型企业。

5）在物流产品汇总的过程当中，推销员自身的销售也会牵涉大量的物流，这将会是很大的一部分成本支出。初期可以与物流公司洽谈合作，降低运输的成本，后期可以自行开发物流体系，进一步整合产业链，优化成本，成立专业的物流公司。

6）成立独立的品牌公司，即集设计、开发、生产、销售、售后服务为一体的实体制造型企业。

7）依托优秀的售后服务体系成立专业的多元化产品销售公司。成功的售后服务体系，一定是建立在良好的企业文化及正确的发展方向基础之上的，售后服务体系的建立是一项非常复杂的系统工程，需要大量的人力、财力，如果能够建立自身的售后服务体系而被市场所认可，那这个体系不仅会成为企业最核心的竞争力，也是企业多元化发展的基础和纽带。

（5）其他方面的准备工作

另外，下面几个细节方面的准备工作必须做好。

1）技术力量。

① 挑选出有"管理潜质"的员工，对他们进行管理和服务两个方面的培训。重点选拔对象包括各门市的技术拔尖人员。对管理和服务的培训，除了一般的基础性知识外，总部需要根据公司的特点制定出管理和服务的标准化文件，要求受培训者掌握这些标准化文件的内容。

② 技术到位、固定的工队，对产品的各项工作都可以熟练掌握。

③ 在公司内部强调"管理"，淡化"技术"。如何强调呢？首先，要告诉员工"公司缺乏和需要管理型人才"，提倡员工朝管理型方向发展。对有管理意愿的和有管理能力的人员，应该进行提拔，同时在设立管理岗位时，应该考虑其待遇方面要明显优于纯技术员工。

2）售后服务信息汇总、调度中心的成立。

① 建立统一的服务电话。必须将所有客户的信息汇总起来，以便对结果进行控制。因为售后服务不是简单的建立网点，任由其服务，客户最终对服务是否满意，才是应该真正关心的，否则不到位的服务形成的社会负面影响将直接影响推销员的业绩，企业也无法拿出准确的衡量标准为网点结算费用。

所有客户需要安装、维修、投诉，都将电话转到信息中心，再由信息中心将信息传递到相应的网点，信息中要将客户的需要讲清楚，由信息中心人员与客户约定好处理问题的时间，在网点接到信息后，按照约定的时间与客户联系。

② 由信息中心接收信息，并传递到网点，网点按照约定的时间安排服务网点调度人员，并将处理结果反馈给信息中心，信息中心人员对该信息进行回访，满意即算该信息服务完毕。

③ 提高信息中心的监控能力，对接收到的信息结果必须跟踪到位。信息可分为满意类、回访不满意类、来电投诉类、一次维修不到位类、多次维修都不到位类、服务态

度不满意类等。另外，要将信息中心的信息进行分类，并以此与各网点分级、结算费用相挂钩。

④ 信息中心人员必须熟练掌握相应的专业知识，以便处理常规的操作指导，电话中就可以帮助客户解决操作的难题或者排除一些非故障原因，避免由于错误操作而引起不必要的上门服务。

（二）售后项目跟踪的意义

售后服务是企业未来发展的核心竞争力，同样也可以成为企业未来谋求发展的基础条件。在售后服务体系健全后，将其成功应用到商务拓展的规划当中，对企业未来发展有着非常重要的作用。

当售后服务体系建立并成熟以后，在涉足商务拓展的过程当中，理想化的理解为，因为售后服务体系要从真正意义上变得成熟，必然是建立在销售稳定情况之下的，在销售稳定的情况之下，企业就可以选择利用体系产生更大的作用。

售后服务本身并非目的，它只不过是一种手段而已。通过提供良好的售后服务，企业可以达到提高信誉、扩大产品销售的目的。

从这一意义上讲，不仅要加强售后服务，更重要的是要将服务资料迅速反馈给有关部门，作为改进产品的参考。这些服务资料如下：

1）发生故障时的产品及故障情形。

2）何时接到用户通知。

3）何时派出技术人员。

4）何时完成工作。

5）需要修理或更换的是何种零件，损坏情形及原因分析。

6）用户对服务的意见。

7）用户对产品的意见。

▌▌▌ **任务演练** ▟▟

从中国、日本、韩国、德国、美国、法国各国各找一种汽车品牌作为代表，比较其4S店的售后服务，找出共性的地方和特色之处，并能分别举实例加以说明。

任务三 维系客户

▶ **情境导入** ▟▟▟▟

吉拉德是世界上最伟大的销售员，连续12年荣登世界吉尼斯纪录大全世界销售第一的宝座，被吉尼斯世界纪录誉为"世界最伟大的销售员"——迄今唯一荣登汽车名人堂的销售员。吉拉德创造了五项吉尼斯世界汽车零售纪录：①平均每天销售6辆车；②最多一天销售18辆车；③一个月最多销售174辆车；④一年最多销售1425辆车；⑤在15年的销售生涯中，总共销售了13 001辆车。每天销售6辆车的纪录，至今无人能破。

吉拉德有一句名言："我相信推销活动真正的开始在成交之后，而不是之前。"推销是一个连续的过程，成交既是本次推销活动的结束，又是下次推销活动的开始。吉拉德在和自己的顾客达成交易之后，并不是把他们置于脑后，而是继续关心他们，并恰当地表示出来。他用了这样的方法：

1）每月一卡。真正的销售始于售后。吉拉德每月要给他的 1 万多名顾客寄去一张贺卡。1 月份祝贺新年，2 月份纪念华盛顿诞辰日，3 月份祝贺圣帕特里克日……凡是在吉拉德那里买了汽车的人，都收到了吉拉德贺卡，也就记住了吉拉德。

2）站在顾客的一边。吉拉德在成交后依然站在顾客的一边，他说："一旦新车子出了严重的问题，顾客找上门来要求修理，有关修理部门的工作人员如果知道这辆车子是我卖的，那么他们就应该马上通知我。我会立刻赶到，设法安抚顾客，让他先消消气。我会告诉他，我一定会把修理工作做好，让他对车子的每一个小地方都觉得特别满意，这也是我的工作。没有成功的维修服务，推销也就不能成功。如果顾客仍觉得有严重的问题，我的责任就是要和顾客站在一边，确保他的车子能够正常运行。我会帮助顾客要求进一步的维护和修理，我会同他共同争取，一起去应对那些汽车修理技工，一起去应对汽车经销商，一起去应对汽车制造商。无论何时何地，我总是要和我的顾客站在一起，与他们同呼吸、共命运。"

3）猎犬计划。让顾客帮助你寻找顾客。吉拉德认为，干推销这一行，需要别人的帮助。吉拉德的很多生意都是由"猎犬"（那些会让别人到他那里买东西的顾客）帮助的结果。

在生意成交之后，吉拉德总是把一叠名片和猎犬计划的说明书交给顾客。说明书告诉顾客，如果他介绍别人来买车，成交之后，每辆车他会得到 25 美元的酬劳。几天之后，吉拉德会寄给顾客感谢卡和一叠名片，以后至少每年这位顾客都会收到吉拉德的一封附有猎犬计划的信件，提醒他吉拉德的承诺仍然有效。如果吉拉德发现顾客是一位领导人物，其他人会听他的话，那么，吉拉德会更加努力地促成交易并设法让其成为"猎犬"。实施猎犬计划的关键是守信用——一定要付给顾客 25 美元。吉拉德的原则是，宁可错付 50 个人，也不要漏掉一个该付的人。猎犬计划使吉拉德的收益很大。1976 年，猎犬计划为吉拉德带来了 150 笔生意，约占总交易额的 1/3。吉拉德付出了 1400 美元的猎犬费用，收获了 75 000 美元的佣金。吉拉德的一句名言就是"买过我汽车的顾客都会帮我推销"。

想一想：吉拉德维系客户的方法有哪些？

相关知识

（一）认知维系客户的方法

1. 分类管理与维系

推销员或企业可以将客户购买量的大小作为衡量客户重要性的标准，进行客户分类。企业可以运用这种方法将客户分为 A、B、C 三类，针对每类客户，制定相应的措施。

（1）对于 A 类客户

对于 A 类客户，应做到以下几点。

1）为每一个客户建立一份客户档案，详细收集客户的经济技术信息，包括客户产品产量、产值、利润、品种变动、新产品发展方向、对该厂产品的评价意见和要求等。

2）对他们的需求优先满足，保证供应，送货上门，做到按月交货不脱期，什么时候要就什么时候送。

3）指定专门的推销人员对口联系，定期走访，及时了解客户新产品的研制方向，根据客户要求进行新产品的研制和开发。

4）公司领导每半年便带领有关人员登门拜访，亲自听取客户的意见和要求。

5）聘请客户单位的质量和供应部门，作为公司的特邀信息反馈员，建立起对公司产品的质量和服务信息的反馈网络，以使公司能及时发现问题，解决问题。

6）定期召开各种类型的座谈会、洽谈会。总之，要使 A 类用户对公司的产品从理智到感情都有充分的认识，对公司的产品无论是质量、数量、供货期还是服务工作都有绝对的信任感和安全感。

（2）对于 B 类客户

对于 B 类客户，应做到以下几点。

1）分别建立用户卡片，主要收集用户对公司产品的要求变化，以及新产品发展方向的信息。

2）严格执行供货合同，做到按质按量及时供货。

3）销售人员每年要走访用户一次，每半年发一次征询意见、了解需求的信函。

（3）对于 C 类客户

对于 C 类客户，应做到以下几点。

1）严格执行供货合同，尽量满足他们的要求。

2）当企业确实无法满足他们的要求时，耐心向客户说明情况，帮助他们联系其他供货渠道，尽力使这类客户满意。

2. 选择联络时间

推销员与客户联络首先要有合理的计划，因为优秀的推销员必然会坚持与顾客进行有计划的联系，他会在专门的登记卡上记录客户的有意义的日子，定期保持联系。

推销人员联络客户时，应选择适当的时机。通常而言，客户联络时机的选择应遵循为客户着想、有特色、有创意的基本原则。具体可以选择以下时机：元旦、春节及其他的传统节日；客户特殊的日子，如客户生日、客户子女的生日、结婚纪念日、新店开业等；客户发生意外事故的时候，或客户因病住院的时候；客户对产品或服务产生新疑问的时候；销售人员公司的一些重大喜庆日子或企业举行各种优惠活动的时候，如新厂房落成典礼、产品获奖典礼、企业成立周年庆典，举办价格优惠或赠送纪念品活动等。这些都是很好的机会。

此外，推销员要掌握好与客户的联络频次，一般每个季节与其联系一次比较合适，时间过长或过短都不合适。

3. 联络感情

（1）书信或电话联络

书信、电话都是联络感情的工具，在日常生活、工作中被广泛使用。当有些新资料要送给客户时，可以附上便签，用邮寄的方式寄给客户；当客户个人、家庭或工作上有喜忧婚丧等变故时，可以致函示意，如邮寄各种贺卡。通常情况下，客户对收到的函件会感到意外和喜悦。用打电话的方式与客户联络也是一种很好的方式，偶尔几句简短的问候会使客户感到高兴，但对于这些友谊性的电话，要注意语言得体、适当，不能显得太陌生，也不能表现得太离谱。

（2）赠送纪念品

赠送纪念品是一种常见的操作手法。成功的销售机构和推销员会为其他客户提供包括赠送纪念品在内的各种服务。这种方式至少可以起到两种作用：一是满足人们贪图便宜的心理；二是可以借此作为再次访问及探知情报的手段或窗口。这是成功销售的一种技巧，以有实用价值及客户喜好的产品为主，如家庭药箱、家庭工具箱、空气加湿器、纯金或纯银纪念币、名牌手表及品牌服装等。

（3）游览、休闲度假类

根据需要可选择境内、境外、短途游览、休闲度假等。

（4）举办联谊会或联欢会

经常举办联谊会或联欢会，可以拉近客户和企业之间的关系，给客户更多了解企业的机会，使得客户更加相信企业，从而达成进一步的合作。

（二）维系老客户，探索新客户

1. 维系老客户

维系老客户可为企业带来以下三个方面的好处。

（1）维系老客户可以节省推销费用及时间

维持关系比建立关系要容易得多。据美国管理学会估计，开发一个新客户的费用是保住现有客户所需费用的 6 倍。让客户满意只需要花费 19 美元，但吸引新客户购买产品，则需要花费 118 美元。

（2）老客户比新客户能带来更多的收入和利润

美国哈佛商学院的一篇研究评论指出：老客户与新客户相比，可为企业多带来20%～85%的利润。原因：①老客户的重复购买；②老客户的扩大购买——量的扩大、结构的扩大（购买分为三种，即首次购买、更新购买和扩大购买。日本的研究表明，当一种产品的普及率达到55%时，更新购买和扩大购买比首次购买更重要）；③老客户为企业推荐新客户。

（3）获取客户终生价值

据美国管理学会估计，企业每丧失一个客户，将平均失去 120 美元的利润。

2. 探索新客户

（1）开发新客户的重要性

老客户是企业稳定收入的主要来源，是企业的基石，特别是 20∶80 的原则中那 20% 的客户，对企业的可持续发展有着非常重大的影响。然而，挖掘新客户与稳定老客户有着同等的重要意义。新客户的加入，为企业注入了新的血液。特别是大的潜在客户的加入，对企业赢利产生了重要影响。企业想健康平稳的发展必须做好两件事情：第一，实现合作客户忠诚度最大化；第二，不断挖掘新客户资源并将其发展成为合作客户。其实，说到底，维护客户的最好方法就是不断开发新客户。特别是在市场变幻莫测的今天，即使我们自己无法把握新客户，就是我们的客户也无法预知自己的未来。所以，我们应不断地认识和开发越来越多的新客户，那样才能让我们的口袋更加丰满。

（2）开发新客户的一般流程

第一阶段（目标和方向）：市场分析；寻找客户；明确客户目标。

第二阶段（走访市场）：客户存在的需求；分析客户；接触客户；博得客户的好感（定位描述）；陈述我们的服务项目和公司的概况等；建立初步良好的客情关系，为下一次跟进作铺垫。

第三阶段（深入接触）：加大攻击力，吸引客户；客户初步认同；表达自己的合作愿望（具体谈判）。

第四阶段（实质性进展）：加深客户对你的印象，继续赢得好感；经受住客户的考验；当恶意竞争出现时，坚持自我。

第五阶段（初步合作）：不断增进客户的认同感；建立初步合作（试单）；给客户提供附加价值，建立稳定的销售关系；对客户作出质量和信誉承诺，以期待客户的另行销售。

第六阶段：出现具体服务质量问题；及时解决争端，重新取得客户的信任；客户满意度调查；销售和回访良性发展。

（3）挖掘客户的渠道与方法

1）挖掘客户的渠道。

① 从认识的人中发掘潜在客户。

② 借助企业提供的名单发掘新客户。

③ 展开一系列的商业联系发掘新客户。

④ 结识像自己一样的销售人员，从而使其为自己提供更多的客户信息。

⑤ 从其他渠道打入自己企业的信息，从而发掘新客户。

⑥ 定期定点针对企业概况进行促销活动。

⑦ 从扫楼扫街的终端销售渠道去发掘更多的客户。

2）挖掘客户的方法。具体来讲，有以下几个方面。

① 老户盘活法。任何一个企业总有部分市场客户在不断地调整，往往有很多老客

户因为种种原因放弃了对公司产品的经销权。如果业务员能够详细地了解客户放弃经销的症结所在，并且作了改变，那么，该市场的老客户重新启动的可能性就较大，客户开发的成功率就很高。况且，该客户在公司有具体的客户资料及历史销售数据，对客户的相关信息不用再作重复调查，为客户开发节约了很多时间。

② 客户介绍法。客户介绍法是目前业务人员开发新客户常用的方法之一。因为目前现有客户对公司有了一定的了解，对公司也有一定的信任度，如果由其推荐介绍，就可以利用其相应的网络及人脉资源，无形之中会增加新客户对公司的信任度，也相应地提高了客户开发的速度及成功率。

③ 同行介绍法。任何一个业务人员，都会有相应的客户资源。一个人脉关系很广的业务人员，可以利用同行或同事之间有效的资源，获取相应的备选客户资料，并通过同行的介绍，亦能快速地进行客户开发，提高客户开发的速度及成功率。

④ 品牌效应法。所谓品牌效应法，就是在行业内寻找市场上前三名品牌的经销商，详细了解经销商的经营状况，利用公司产品的优势与之逐一洽谈，最后有选择性地达成合作意向，并借助该经销商品牌的资源优势，快速打开市场销售渠道。

⑤ 抓住机会。利用同业竞品的劣势机会，快速与该竞品经销商进行商谈。这样有可能会达到出其不意的效果。例如，某一方便面品牌由于原材料涨价导致成品也大幅度涨价，致使该品牌经销商对公司涨价行为不满或有放弃该产品经销权的意向。这时如果业务人员能够把握好时间与之洽谈，往往成功率较高，会达到事半功倍的效果。

⑥ 业务摸排法。业务摸排法是最笨也是最有效的方法，还是最能体现业务人员客户开发、谈判技巧的方法。但该方法要求业务人员必须要有持之以恒的精神和耐力，否则，一旦中途放弃，则会前功尽弃。通过业务人员对同业经销商的逐个摸排谈判，就能找出最适合与自己公司合作的客户。

当然，客户开发的方法还有很多种，以上六种方法也只是为了帮助业务人员快速开发客户提供的几种思路。在工作中，业务人员可以不断总结，积累经验，方能融会贯通，得心应手，取得更好的成绩。

（4）开发新客户的技巧

1）专业取信客户。

2）利益打动客户。

3）态度感染客户。

4）情感感动客户。

5）行动说服客户。

6）用心成就客户。

任务演练

讨论：用不着对方时平日里的小恩小惠和用得着对方时一次性的重金大礼，哪一个在人际交往中的效果更好？为什么？

职业素质

春天里的第一份收获

"阿玫，请帮我带一杯咖啡过来，谢谢。"

"阿玫，请把客户资料分发给大家，并通知大家准备好创意草案，周一开会报创意选题。"

阿玫微笑着一一应对，并努力把大家交代给她的事情做好。

从第一天走进这家明亮宽敞的公司开始，她就告诉自己要加油。她相信，自己会渐渐学习到东西，成长为一个熟手。

第三个月，公司接到一笔订单，经理把这个案子交给阿玫完成，她轻轻地点头，心里兴奋地想，一展拳脚的机会到了。散会后发现，自己的手心全是汗。

历时一周，与客户进行多次沟通，方案终于敲定，就等着制作部进行最后的制作。阿玫拖着疲惫的身体回到公司，准备向经理汇报情况，却被秘书告知经理已经出差。既然经理不在，她也不能够擅自做主。她心想，反正自己的事情也做完了，等经理回来再说。

两天后，经理从外地回来，眉飞色舞地谈到新接的生意。阿玫也跟着高兴，忽然经理的眼光落到她的身上，"阿玫，客户对我们的设计成品还满意吧？"

阿玫不知所措，说："制作部还没做出成品来。"

"什么？你怎么搞的！方案为什么还不送到制作部？"

"我，我，他们没有找我要啊！"阿玫委屈万分。

"不是有流程表吗？人手一份啊！"

"我，忘在家里了！"阿玫的声音越发变得小了。

"那你不知道找同事借吗？我的办公室里不也贴着的吗？就算什么也不知道，还有电话啊，怎么不打我的手机问问？"

阿玫大气不敢出。很快，经理电话联系了客户，只听见他不断地说："是，是，对不起，是我们工作疏忽……"

阿玫看见经理的脸色阴沉得像暴雨前的天空。等经理放下电话，回过头来面对她的是一张更阴沉的脸："你延误了客户两天的时间，广告不能如期面市，客户要求我们赔偿损失！"

"啊？我以为……"阿玫哑然，同时恍然大悟，她犯了一个多么可笑的错误！

很快，经理宣布了对阿玫的处理。"阿玫，你要承担部分责任。从这个月开始，公司会按月扣掉你部分工资，以一年为期。"

"是我的失职，我接受处罚。"阿玫用颤抖的声音回答，眼泪不禁掉下来，同事此时都照旧各忙各的，她突然感到很悲凉，心想：他们都是经验丰富的老员工了，怎么就没有一个人提醒自己一下呢？

阿玫发誓，一定要离开这里。一年的时间，说起来很漫长，但忙碌着，很快到了新的一年。结束了这里的事情，她准备重新找工作。某天，经理把她叫到办公室，问道："阿玫，你愿意留下来吗？我想让你做我的助理。"阿玫一愣，经理笑道："这一年，是不是有很多收获？"她仔细地回想，确实收获不小。

在这一年里，阿玫学到了一项重要的职业素养——主动。关于自己的一切事情，都要主动询问，主动行动。她开始懂得接到任务，不光需要做好自己的，还要和同事做好配合；她开始学会，不清楚的事情，一定要弄明白；对于上司交代的事情，一定想方设法做到位，而不是回避问题。不知道从什么时候开始，阿玫再没犯过大错误，业绩水平也提高了。

这一年，"闭关修炼"给了阿玫纠正错误、提高自我的机会。如果当初公司逼着她赔一笔钱后就辞退她，她也不会有今天的成熟。这家公司，恰恰与阿玫一年前想的相反，是一家洋溢着人情味的公司。

春天里，阳光灿烂，这是阿玫收到的第一份实物。

启　　示 只有持者主动积极的工作态度，才有可能收获成功。

项 目 总 结

销售跟进是销售中非常重要的环节，它决定了企业以后的销售是否依然有效。维系老客户，开发新客户是这个环节中重要的一环。

练 习 题

一、简答题

1. 成交时的道别技巧有哪些？
2. 未成交时的道别技巧有哪些？
3. 售后服务体系的作用与特性是什么？
4. 如何维系客户？

二、案例分析题

售后服务"双重标准"被曝光后，苹果公司的表现让人失望。苹果官网公布的售后承诺是7天包退，15天包换，一年保修。可真正又能做到什么程度呢？前几天，我们拿了两台拆封就有问题的大陆行货去苹果售后换机，售后刚开始说提供保修卡和发票就可以换机，可我们提供保修卡和发票后又说要身份证，而且身份证名字要和发票一致，否则就只能维修，不能换机。我们作为消费者，是很难接受苹果售后这样的做法的。

第一，他们前后说法不一致，完全在误导消费者，开始说不用提供身份证，后来又一定要提供购买人身份证。很多人买苹果手机并不是自己使用，而是送人，买的人并不一定就是使用的人，使用的人不一定能提供购买人的身份证，他们就是抓住这一点来误导消费者，拿不出购买人身份证就只能维修，不能换。

第二，要身份证才能换机，本来就是一种不合理的行为。消费者买苹果产品的时候也没有被要求提供身份证才能购买，只要付款就可以了，为什么到了换机的时候就要提供身份证了呢？

第三，官网的售后承诺也没有这样的规定，实际操作中怎么又要设置这样的门槛，让消费者刚买的新机也要变成售后机？这明明就是故意设置的一道不能换机的槛。先不说产品本身出现的问题带给消费者的麻烦，就这样的售后服务，消费者怎能放心购买？

这就是苹果公司在中国的售后服务，再看看他们在韩国是怎么做售后服务的。韩国公平贸易委员会在声明中说，在购买苹果手机一个月之内发现存有瑕疵的用户，将可以免费更换一部新苹果手机，而不再是翻新机。

1. 苹果公司在日本及北美、欧洲各个国家和地区的售后维修政策比我们中国要优越很多，这是为什么？

2. 对苹果在中国大陆的销售有何影响？

练习题答案

项目一　推　销　概　述

一、选择题

1. C　2. D　3. ABE　4. BCDE　5. ACDE

二、案例分析题

1. B　2. D

三、实训题（略）

项目二　寻找接近顾客

一、填空题

1. 潜在可能
2. 产品或服务　购买能力
3. 获得潜在准顾客　准顾客资格审查　确定准顾客　制订拜访计划
4. 可能购买同种商品或服务的准顾客　依靠他人　现有顾客。

二、简答题

1. 客户分类：

（1）对于有兴趣购买的客户。对此类客户应加速处理。积极地通过电话进行跟进、沟通，取得客户的信任后，尽快将客户过渡到下一阶段。

（2）对于考虑、犹豫的客户。对待此类客户，此阶段的目的就是沟通、联络，不要过多地介绍产品。要使用不同的策略，千万不要在电话接通后立即向客户推销产品，而是要与客户沟通，了解客户的需求、兴趣，拉进与客户的距离。通过几次电话沟通，将客户区分为有兴趣购买、暂时不买、肯定不买等类型，从而区别对待。

（3）针对暂时不买的客户。要以建立良好的关系为目标，千万不要放弃此类客户。要与客户沟通，记录客户预计购买此类产品的时间等信息，同时要与客户保持联络渠道的畅通，使客户允许公司定期地将一些产品的功能介绍等宣传资料邮寄给他们或电话通知他们，同时在客户需要的时候可以与公司或本人联系。

（4）针对肯定不买的客户。此类客户一般态度比较强硬，在沟通中，一定要打破客户的心理防线，然后了解客户不购买的原因。如果有产品功能方面的问题，一定要为客户做好解释，并将客户要求的一些扩展功能记录下来，集中汇总并提供给业务开发部门，以便改良产品或开发新产品。

（5）对于已经报过价没有信息回馈的客户。对于已经报过价的客户，可以利用贸易进行沟通交流，也可以电话跟踪沟通，主要询问一下客户对产品的售后服务、产品质量、使用细则等不明白的地方，再做进一步详谈。不过价格是客户一直关心的最大问题，为了打消客户能否合作的顾虑，可以着重介绍一下产品的优点及与同行产品的不同之处、优惠政策等，要让客户觉得物有所值。在沟通价格时，建议在言语上暗示一些伸缩性，但一定要强调回报，如"如果你能够现款提货，我们可以在价格上给予5%的优惠待遇"或"如果你的订货量比较大的话，在价格方面我们可以给你下调3%"，这样既可以让客户对产品有更进一步的了解，在价格方面也有一定回旋的余地。切记：更好的服务，更高的产品质量，才是赢得客户的"法宝"。

2．拜访顾客前，应做的准备：①计划准备——六问自己，做好计划；②精神准备；③体能准备；④产品的知识准备；⑤物质准备。

3．接近顾客的原则：①引起顾客的注意；②唤起顾客的兴趣；③激发顾客的购买欲望；④促使顾客采取购买行动。

三、实训题（略）

项目三　推　销　洽　谈

一、案例分析题

1．这位推销员的失误主要是没有注意到伍德夫人真正需要的书。在推销过程中，千方百计地想说服伍德失人购买百科全书，促成成交，但忽视了伍德夫人购书的动机，她是为孩子购买。因此，在介绍此书时，就应围绕孩子的爱好、兴趣、教育成长等内容进行介绍。

2．伍德夫人购买此书的动机是为了让她的孩子接受当地最好的教育，阅读一些百科读物，因此需要购买一套适合孩子兴趣、爱好和有利于孩子教育成长的百科读物。

3．这个案例告诉我们，作为一名推销员，不仅要有良好的工作热情、推销技巧，还要注意顾客的实际需要，关心和尊重顾客，把握顾客的问题，然后开展有针对性的推销，利用自己所推销的商品和服务，帮助顾客解决问题，消除烦恼，同时也完成自己的推销任务。

二、实训题（略）

项目四　异　议　处　理

一、简答题

1．在销售过程中，顾客对推销人员持有的怀疑或不合作的态度，就是顾客异议。它是指顾客对产品、推销员及推销方式和交易条件发出的怀疑、抱怨，提出否定或反对的意见。

顾客存在异议是正常现象，推销员要正确看待推销过程当中出现的每一个异议，这样才能接近潜在顾客，明白顾客的想法，理解顾客，为顾客提供更多的信息，最终达成交易。顾客异议是成交的信号，是成功推销的前奏。正是因为有了顾客的异议，才能了解顾客的想法，这正好为推销员提供了进一步与顾客进行交流的机会。

2．顾客没有真正认识到自己的需求、顾客缺乏商品知识，顾客的偏见、成见或习惯，顾客有比较固定的购销关系，组织购买者的企业性质、经营机制、决策程序、购买习惯和其他原因。

3．由于顾客异议产生的原因各不相同，因此，在处理策略的选择上也不一样。处理顾客异议的策略：①处理价格异议的策略；②处理货源异议的策略；③处理购买时间异议的策略。

因产品的价格问题而产生异议时：①先谈产品的价值、后谈价格，多谈价值、少谈价格；②让步策略；③心理策略或制造价格便宜的幻觉。

4．处理顾客异议原则：①尊重顾客异议原则；②不争辩原则；③维护顾客的自尊原则；④强调顾客受益原则。

二、案例分析题

1．不了解客户异议的类型，未掌握客户异议处理的策略。

2．小刘在推销中站在主动的角度考虑问题，控制了环境。

三、实训题

1．（略）

2．（1）我知道您很忙，那什么时候我们可以谈几分钟？

（2）我非常理解您，可能因为目前你们购买产品的事情尚未列入计划或日程上来，购买产品的经费也尚未批下来，您可能觉得现在交流为时过早，感觉您是一个办事非常实在的人。不过，我们现在已经与许多和你们情况相同的公司建立了业务关系，所以我们可以先建立一个联系，让您能够对我们公司和我们的产品有初步的了解，等到您的预算批下来时，我们再进一步深入交谈。

（3）我理解您的顾虑，这是我们今年的新款，面料您不用担心，我们还在面料里加入了××成分，不但不会热，穿起来还很舒适、有型。

（4）恭喜您找到一个非常不错的合作伙伴，当然我们也可以建立一种联系，可能会对贵公司有一定的帮助：由于我们已经和许多像贵公司这样的公司建立了业务关系，我们发现我们能够对你们的主要供应商所提供的服务作出有力的补充；同时我们也可以为您在选择合适的供应商时，增加选择和比较的机会。明天我正好去贵公司附近办事，我想顺便拜访您一下，向您介绍一下我们公司和我们的产品，并向您当面解释一下我们为什么能对你们的主要供应商作有力的补充。请问您是明天上午有空还是下午有空？

您最喜欢现在供货商产品的哪个方面呢？在哪些方面感到满意呢？

我研究过您现在正在使用的产品，请允许我利用几分钟的时间把它与我们的产品比较一下……

（5）为什么？

您有这样的想法一定是有原因的，可以问一下为什么吗？

我们该怎么做才能赢得您的信任呢？

是否是我的什么问题让您不愿和我们公司谈生意？

（6）这是我们本期优惠促销活动的最后一天，过了今天，产品的价格将恢复到以前，到时您要付出双倍的价格才能购买到同样的产品，请不要错失良机。

我也不想让您为难，但更不想让您错失本次力度最大的促销活动，您看我什么时候再和您联系，敲定咱们产品的事儿？

项目五　成交缔结

一、讨论题

1．（略）　2．（略）

二、案例分析题

从众成交法、直接成交法、选择成交法等。

三、实训题

1．（略）

2．（1）从众成交法。

（2）保证成交法。

（3）优惠成交法

（4）直接成交法。

（5）选择成交法。

（6）假定成交法

（7）选择成交法

项目六　销售跟进

一、简答题

1．成交时的道别技巧：①表示谢意；②给予赞许；③诚挚解难；④主动告辞。

2．未成交时的道别技巧：①坚定乐观；②创造形象；③询问失败的原因；④请求推荐。

3．售后服务体系的作用与特性如下：

（1）售后服务是买方市场条件下企业参与市场竞争的利器。

（2）售后服务是保护消费者权益的最后防线。

（3）售后服务是保持顾客满意度、忠诚度的有效举措。

（4）售后服务是企业摆脱价格大战的一剂良方。

（5）售后服务是企业可持续发展的必然要求。

4．维系客户包括以下内容：

（1）分类管理与维系。推销员或企业可以将客户购买量的大小作为衡量客户重要性的标准，对客户进行分类。企业可以运用这种方法将客户分为 A、B、C 三类，针对每类客户，制定相应的措施。

（2）选择联络时间。推销员联络客户时，应选择适当的时机。通常而言，客户联络时机的选择应遵循为客户着想、有特色、有创意的基本原则。具体可以选择以下时机：元旦、春节以及其他的传统节日；客户特殊的日子，如客户生日、客户子女的生日、结婚纪念日、新店开业等；客户发生意外事故的时候，或客户因病住院的时候；客户对产品或服务产生新疑问的时候；销售人员公司的一些重大喜庆日子或企业举行各种优惠活动的时候，如新厂房落成典礼、产品获奖典礼、企业成立周年庆典，举办价格优惠或赠送纪念品活动等。这些都是很好的机会。

此外，推销员要掌握好与客户的联络频次，一般每个季节与其联系一次比较合适，时间过长或过短都不合适。

（3）联络感情：①书信或电话联络；②赠送纪念品；③游览、休闲度假类，根据需要可选择境内、境外、短途游览、休闲度假等；④举办联谊会或联欢会。

二、案例分析题

1. 欧美国家维权的意识比较强，中国消费者的维权意识较弱；中国大陆人对苹果手机的疯狂、不理性消费，导致苹果公司对大陆实行不同的售后标准。

2. 股票下跌；消费者对企业文化产生质疑。对企业的商业责任和社会责任产生质疑。消费者购买苹果手机趋于理性。

参 考 文 献

鲍勃·哈特利，迈克尔·W.斯塔基. 2002. 销售管理与客户关系. 陈永，等译. 北京：机械工业出版社.

崔利群，苏巧娜. 2009. 推销实务. 2版. 北京：高等教育出版社.

崔亮. 2010. 客户异议与投诉处理. 北京：高等教育出版社.

丹·希尔. 2005. 购买的真相. 尹鸿雁，译. 北京：当代中国出版社.

韩虹. 2010. 推销员基本技能. 北京：中国劳动社会保障出版社.

基斯·伊迪斯. 2005. 再造销售奇迹. 刘复苓，译. 北京：中国财政经济出版社.

李红梅. 2006. 现代推销实务. 北京：电子工业出版社.

罗伯特·西奥迪尼. 2011. 影响力. 闾佳，译. 北京：中国人民大学出版社.

罗伊·约翰逊. 2007. 帕特森销售策略. 陈叙，译. 北京：中国人民大学出版社.

内山辰美，樱井弘. 2006. 专家指点提问的技巧. 陈诚，译. 北京：科学出版社.

帕科·昂德希尔. 2004. 顾客为什么购买. 刘尚炎，译. 北京：中信出版社.

彭石普. 2011. 市场营销理论与实训. 北京：北京师范大学出版社.

斯凌. 2012. 第一印象攻心术. 南京：凤凰出版社.

孙路弘. 2006. 用脑拿订单. 北京：中国人民大学出版社.

王国梁. 2007. 推销与谈判技巧, 北京：机械工业出版社.

文义明，阎颖然. 2011. 销售一定要懂的心理学. 北京：中国经济出版社.

约翰·麦基恩. 2004. 如何影响顾客的购买决定. 魏清江，译. 北京：机械工业出版社.

赵永秀. 2008. 优秀推销员技能培训手册. 北京：海天出版社.

郑方华. 2006. 销售技能案例训练手册. 北京：机械工业出版社.